L'ÉTABLI

OUVRAGES DE ROBERT LINHART

L'ÉTABLI, *1978* (“double”, n° 6)
LE SUCRE ET LA FAIM. Enquête dans les régions sucrières du
  Nord-Est brésilien, *1980*

Aux Éditions du Seuil

LÉNINE, LES PAYSANS, TAYLOR. Essai d'analyse matérialiste
  historique de la naissance du système productif soviéti-
  que, *1976* (rééd. 2010)

ROBERT LINHART

L'ÉTABLI

LES ÉDITIONS DE MINUIT

© 1978/1981 by Les Éditions de Minuit
www.leseditionsdeminuit.fr

ISBN 978-2-7073-0329-5

à Ali,
fils de marabout
et manœuvre chez Citroën.

LE PREMIER JOUR. MOULOUD

« Montre-lui, Mouloud. »

L'homme en blouse blanche (le contremaître Gravier, me dira-t-on) me plante là et disparaît, affairé, vers sa cage vitrée.

Je regarde l'ouvrier qui travaille. Je regarde l'atelier. Je regarde la chaîne. Personne ne me dit rien. Mouloud ne s'occupe pas de moi. Le contremaître est parti. J'observe, au hasard : Mouloud, les carcasses de 2 CV qui passent devant nous, les autres ouvriers.

La chaîne ne correspond pas à l'image que je m'en étais faite. Je me figurais une alternance nette de déplacements et d'arrêts devant chaque poste de travail : une voiture fait quelques mètres, s'arrête, l'ouvrier opère, la voiture repart, une autre s'arrête, nouvelle opération, etc. Je me représentais la chose à un rythme rapide – celui des « cadences infernales » dont parlent les tracts. « La chaîne » : ces mots évoquaient un enchaînement, saccadé et vif.

La première impression est, au contraire, celle d'un mouvement lent mais continu de toutes les voitures. Quant aux opérations, elles me paraissent faites avec une sorte de monotonie résignée, mais sans la précipitation à laquelle je m'attendais. C'est comme un long glissement glauque, et il s'en dégage, au bout d'un certain temps, une sorte de somnolence, scandée de sons, de chocs, d'éclairs, cycliquement répétés mais réguliers. L'informe musique de la chaîne, le glissement des carcasses grises de tôle crue, la routine des gestes : je me sens progressivement enveloppé, anesthésié. Le temps s'arrête.

Trois sensations délimitent cet univers nouveau. L'odeur : une âpre odeur de fer brûlé, de poussière de ferraille. Le bruit : les vrilles, les rugissements des chalumeaux, le martèlement des tôles. Et la grisaille : tout est gris, les murs de l'atelier, les carcasses métalliques des 2 CV, les combinaisons et les vêtements de travail des ouvriers. Leur visage même paraît gris, comme si s'était inscrit sur leurs traits le reflet blafard des carrosseries qui défilent devant eux.

L'atelier de soudure, où l'on vient de m'affecter (« Mettez-le voir au 86 », avait dit l'agent de secteur) est assez petit. Une trentaine de postes, disposés le long d'une chaîne en demi-cercle. Les 2 CV arrivent sous forme de carrosseries clouées, simples assemblages de bouts de ferraille : ici, on soude les morceaux d'acier les uns aux autres, on efface les jointures, on recouvre les raccords ; c'est encore un squelette gris (une « caisse ») qui quitte l'atelier, mais un squelette qui paraît désormais fait d'une seule pièce. La caisse est prête pour les bains chimiques, la peinture et la suite du montage.

Je détaille les étapes du travail.

Le poste d'entrée de l'atelier est tenu par un pontonnier. Avec son engin, il fait monter chaque carcasse de la cour accrochée à un filin (nous sommes au premier étage, ou plutôt sur une espèce d'entresol dont un des côtés est ouvert) et il la dépose – brutalement – en début de chaîne sur un plateau qu'il amarre à un des gros crochets qu'on voit avancer lentement à ras du sol, espacés d'un ou deux mètres, et qui constituent la partie émergée de cet engrenage en mouvement permanent qu'on appelle « la chaîne ». À côté du pontonnier, un homme en blouse bleue surveille le début de chaîne et, par moments, intervient pour accélérer les opérations : « Allez, vas-y, accroche maintenant ! » À plusieurs reprises au cours de la journée, je le verrai à cet endroit, pressant le pontonnier d'engouffrer plus de voitures dans le circuit. On m'apprendra que c'est Antoine, le chef d'équipe. C'est un Corse, petit et nerveux. « Il fait beaucoup de bruit, mais ce n'est pas le mauvais gars. Ce qu'il y a, c'est qu'il a peur de Gravier, le contremaître. »

Le fracas d'arrivée d'une nouvelle carrosserie toutes les trois ou quatre minutes scande en fait le rythme du travail.

Une fois accrochée à la chaîne, la carrosserie commence son arc de cercle, passant successivement devant chaque poste de soudure ou d'opération complémentaire : limage, ponçage, martelage. Comme je l'ai dit, c'est un mouvement continu, et qui paraît lent : la chaîne donne presque une illusion d'immobilité au premier coup d'œil, et il faut fixer du regard une voiture précise pour la voir se déplacer, glisser progressivement d'un poste à l'autre. Comme il n'y a pas d'arrêt, c'est aux ouvriers de se mouvoir pour accompagner la voiture le temps de l'opération. Chacun a ainsi, pour les gestes qui lui sont impartis, une aire bien définie quoique aux frontières invisibles : dès qu'une voiture y entre, il décroche son chalumeau, empoigne son fer à souder, prend son marteau ou sa lime et se met au travail. Quelques chocs, quelques éclairs, les points de soudure sont faits, et déjà la voiture est en train de sortir des trois ou quatre mètres du poste. Et déjà la voiture suivante entre dans l'aire d'opération. Et l'ouvrier recommence. Parfois, s'il a travaillé vite, il lui reste quelques secondes de répit avant qu'une nouvelle voiture se présente : ou bien il en profite pour souffler un instant, ou bien, au contraire, intensifiant son effort, il « remonte la chaîne » de façon à accumuler un peu d'avance, c'est-à-dire qu'il travaille en amont de son aire normale, en même temps que l'ouvrier du poste précédent. Et quand il aura amassé, au bout d'une heure ou deux, le fabuleux capital de deux ou trois minutes d'avance, il le consommera le temps d'une cigarette – voluptueux rentier qui regarde passer sa carrosserie déjà soudée, les mains dans les poches pendant que les autres travaillent. Bonheur éphémère : la voiture suivante se présente déjà ; il va falloir la travailler à son poste normal cette fois, et la course recommence pour gagner un mètre, deux mètres, et « remonter » dans l'espoir d'une cigarette paisible. Si, au contraire, l'ouvrier travaille trop lentement, il « coule », c'est-à-dire qu'il se trouve progressivement déporté en aval de son poste, continuant son opération alors que l'ouvrier suivant a déjà commencé la sienne. Il lui faut alors forcer le rythme pour essayer de remonter. Et le lent glissement des voitures, qui me paraissait si proche de l'immobilité, apparaît aussi implacable que le déferlement d'un torrent qu'on ne parvient pas à endiguer : cinquante centimètres de perdus, un mètre, trente secondes de retard sans doute, cette jointure rebelle, la voiture qu'on suit trop loin, et la nouvelle qui s'est déjà présentée au début normal du poste, qui avance de sa régularité stupide de masse inerte, qui est déjà à moitié chemin avant qu'on ait pu y toucher, que l'on va commencer alors qu'elle est presque sortie et passée au poste suivant : accumulation des retards. C'est ce qu'on appelle « couler » et, parfois, c'est aussi angoissant qu'une noyade.

Cette vie de la chaîne, je l'apprendrai par la suite, au fil des semaines. En ce premier jour, je la devine à peine : par la tension d'un visage, par l'énervement d'un geste, par l'anxiété d'un regard jeté vers la carrosserie qui se présente quand la précédente n'est pas finie. Déjà, en observant les ouvriers l'un après l'autre, je commence à distinguer une diversité dans ce qui, au premier coup d'œil, ressemblait à une mécanique humaine homogène : l'un mesuré et précis, l'autre débordé et en sueur, les avances, les retards, les minuscules tactiques de poste, ceux qui posent leurs outils entre chaque voiture et ceux qui les gardent à la main, les « décrochages »... Et, toujours, ce lent glissement implacable de la 2 CV qui se construit, minute après minute, geste par geste, opération par opération. Le poinçon. Les éclairs. Les vrilles. Le fer brûlé.

Son circuit achevé à la fin de l'arc de cercle, la carrosserie est enlevée de son plateau et engloutie dans un tunnel roulant qui l'emporte vers la peinture. Et le fracas d'une nouvelle caisse en début de chaîne annonce sa remplaçante.

Dans les interstices de ce glissement gris, j'entrevois une guerre d'usure de la mort contre la vie et de la vie contre la mort. La mort : l'engrenage de la chaîne, l'imperturbable glissement des voitures, la répétition de gestes identiques, la tâche jamais achevée. Une voiture est-elle faite ? La suivante ne l'est pas, et elle a déjà pris la place, dessoudée précisément là où on vient de souder, rugueuse précisément à l'endroit que l'on vient de polir. Faite, la soudure ? Non, à faire. Faite pour de bon, cette fois-ci ? Non, à faire à nouveau, toujours à faire, jamais faite – comme s'il n'y avait plus de mouvement, ni d'effet des gestes, ni de changement, mais seulement un simulacre absurde de travail, qui se déferait aussitôt achevé sous l'effet de quelque malédiction. Et si l'on se disait que rien n'a aucune importance, qu'il suffit de s'habituer à faire les mêmes gestes d'une façon toujours identique, dans un temps toujours identique, en n'aspirant plus qu'à la perfection placide de la machine ? Tentation de la mort. Mais la vie se rebiffe et résiste. L'organisme résiste. Les muscles résistent. Les nerfs résistent. Quelque chose, dans le corps et dans la tête, s'arc-boute contre la répétition et le néant. La vie : un geste plus rapide, un bras qui retombe à contretemps, un pas plus lent, une bouffée d'irrégularité, un faux mouvement, la « remontée », le « coulage », la tactique de poste ; tout ce par quoi, dans ce dérisoire carré de résistance contre l'éternité vide qu'est le poste de travail, il y a encore des événements, même minuscules, il y a encore un temps, même monstrueusement étiré. Cette maladresse, ce déplacement superflu, cette accélération soudaine, cette soudure ratée, cette main qui s'y reprend à deux fois, cette grimace, ce « décrochage », c'est la vie qui s'accroche. Tout ce qui, en chacun des hommes de la chaîne, hurle silencieusement : « Je ne suis pas une machine ! »

Justement, deux postes après celui de Mouloud, un ouvrier – algérien aussi, mais aux traits plus marqués, presque asiatiques – est en train de « couler ». Il s'est progressivement déporté vers le poste suivant. Il s'énerve sur ses quatre points de soudure. Je vois ses gestes plus agités, le mouvement rapide du chalumeau. Soudain, il en a assez. Il crie (au pontonnier) : « Ho, moins vite, là, arrête un peu les caisses, ça va pas ! » Et il décroche le plateau de la voiture sur laquelle il travaille, l'immobilisant ainsi jusqu'au crochet suivant qui la reprendra quelques secondes après. Les ouvriers des postes précédents décrochent à leur tour pour éviter un carambolage des caisses. On souffle un instant. Cela fait un trou de quelques mètres sur la chaîne – un espacement un peu plus grand que les autres – mais l'Algérien a remonté son retard. Cette fois, Antoine, le chef d'équipe, ne dit rien : il a « bourré » à fond depuis une heure, et il a trois ou quatre voitures d'avance. Mais d'autres fois il intervient, harcèle l'ouvrier qui « coule », l'empêche de décrocher ou, si c'est déjà fait, accourt raccrocher le plateau à sa place initiale.

Il a fallu cet incident pour que je réalise à quel point les temps sont serrés. Pourtant, la marche des voitures paraît lente et, en général, il n'y a pas de précipitation apparente dans les gestes des ouvriers.

Me voici donc à l'usine. « Établi ». L'embauche a été plus facile que je ne l'avais pensé. J'avais soigneusement composé mon histoire : commis dans l'épicerie d'un oncle imaginaire à Orléans, puis manutentionnaire un an (certificat de travail de complaisance), service militaire dans le Génie à Avignon (j'ai récité celui d'un camarade ouvrier de mon âge et prétendu avoir perdu mon livret). Pas de diplôme. Non, même pas le B.E.P.C. Je pouvais passer pour un Parisien d'origine provinciale perdu dans la capitale et qu'une ruine familiale contraint à l'usine. Je répondis brièvement aux questions, taciturne et inquiet. Ma piètre mine ne devait pas détonner dans l'allure générale du lot des nouveaux embauchés. Elle n'était pas de composition : le laminage des convulsions de l'après-mai 68 – un été de déchirements et de querelles – était encore inscrit sur mes traits, comme d'autres, parmi mes compagnons, portaient la marque visible de la dureté de leurs conditions de vie. On n'en mène pas large quand on vient quémander un tout petit emploi manuel – juste de quoi manger, s'il vous plaît – et qu'on répond timidement « rien » aux questions sur les diplômes, les qualifications, sur ce qu'on sait faire de particulier. Je pouvais lire sur les yeux de mes camarades de la file d'embauche, tous immigrés, l'humiliation de ce « rien ». Quant à moi, j'avais l'air suffisamment accablé pour faire un candidat ouvrier insoupçonnable. Monsieur l'Embaucheur a dû penser : « Tiens, un demi-campagnard un peu ahuri, c'est bon, ça ; ça ne fera pas d'histoires. » Et il m'a donné mon bon pour la visite médicale. Au suivant. D'ailleurs, pourquoi l'embauche d'un ouvrier à la chaîne serait-elle une opération compliquée ? Idée d'intellectuel, habitué à des recrutements complexes, des étalages de titres, des « profils de poste ». Ça, c'est quand on est quelqu'un. Mais quand on n'est personne ? Ici, tout va très vite : deux bras, c'est vite jaugé ! Visite médicale éclair, avec la petite troupe d'immigrés. Quelques mouvements musculaires. Radio. Pesage. Déjà l'ambiance (« Mets-toi là », « Torse nu ! », « Dépêchez-vous, là-bas ! »). Un médecin qui fait quelques croix sur une fiche. Ça y est. Bon pour le service Citroën. Au suivant.

Moment favorable : en ce début de septembre 1968, Citroën dévore de la main-d'œuvre. La production marche fort et on comble les trous que le mois d'août a creusé dans l'effectif des immigrés : certains ne sont pas revenus de leur congé lointain, d'autres rentreront en retard et apprendront, désespérés, qu'ils sont licenciés (« On s'en fout, de tes histoires de vieille mère malade, du balai ! »), déjà remplacés. On remplace sec. De toute façon, Citroën travaille dans l'instable : vite entré, vite sorti. Durée moyenne d'un ouvrier chez Citroën : un an. « Un turnover élevé », disent les sociologues. En clair : ça défile. Et pour moi, pas de problème : happé par la fournée entrante.

J'ai quitté le bureau d'embauche de Javel le vendredi, muni d'un papier : affecté à l'usine de la porte de Choisy. « Présentez-vous lundi matin, sept heures, à l'agent de secteur. » Et, ce lundi matin, les 2 CV qui défilent dans l'atelier de soudure.

Mouloud ne dit toujours rien. Je le regarde travailler. Ça n'a pas l'air trop difficile. Sur chaque carrosserie qui arrive, les parties métalliques qui constituent la courbure au-dessus de la fenêtre avant sont juxtaposées et clouées mais laissent apparaître un interstice. Le travail de Mouloud est de faire disparaître cet interstice. Il prend de la main gauche un bâton d'une matière brillante ; de la main droite, un chalumeau. Coup de flamme. Une partie du bâton fond en un petit tas de matière molle sur la jointure des plaques de tôle : Mouloud étend soigneusement cette matière, à l'aide d'une palette de bois qu'il a saisie aussitôt après avoir reposé le chalumeau. La fissure disparaît : la partie métallique au-dessus de la fenêtre semble ne plus se composer que d'un seul tenant. Mouloud a accompagné la voiture sur deux mètres ; il l'abandonne le travail fait et revient à son poste, à son point de station, attendre la suivante. Mouloud travaille assez rapidement pour avoir un battement de quelques secondes entre chaque voiture, mais il n'en profite pas pour « remonter ». Il préfère attendre. Voici une nouvelle carrosserie. Bâton brillant, coup de chalumeau, la palette, quelques coups vers la gauche, vers la droite, de bas en haut... Mouloud marche en travaillant sur la voiture. Un dernier frottement de palette : la soudure est lisse. Mouloud revient vers moi. Une nouvelle carrosserie s'avance. Non, ça n'a pas l'air trop difficile : pourquoi ne me laisse-t-il pas essayer ?

La chaîne s'arrête. Les ouvriers sortent des casse-croûtes. « La pause », me dit Mouloud, « il est huit heures et quart ». Seulement ? Il m'a semblé que s'écoulaient des heures dans cet atelier gris, pris dans le glissement monotone des carrosseries et les éclairs blafards des chalumeaux. Cette interminable dérive de tôle, de ferraille en dehors du temps : une heure et quart seulement ?

Mouloud me propose de partager le morceau de pain qu'il a soigneusement défait d'un empaquetage de papier journal. « Non, merci. Je n'ai pas faim.

– Tu viens d'où ?

– De Paris.

– C'est ton premier boulot chez Citroën ?

– Oui, et même en usine.

– Ah bon. Moi, je suis Kabyle. J'ai la femme et les enfants là-bas. »

Il sort son portefeuille, montre une photo de famille jaunie. Je lui dis que je connais l'Algérie. Nous parlons des routes sinueuses de la Grande Kabylie et des falaises abruptes de la Petite Kabylie qui tombent dans la mer près de Collo. Les dix minutes ont passé. La chaîne repart. Mouloud empoigne le chalumeau et se dirige vers la première carrosserie qui s'avance.

Nous continuons à parler, par intermittence, entre deux voitures.

« Pour le moment, tu n'as qu'à regarder », me dit Mouloud. « Tu vois, c'est la soudure à l'étain. Le bâton, c'est l'étain. Il faut attraper le coup de main : si tu mets trop d'étain, ça fait une bosse sur la carrosserie et ça va pas. Si tu ne mets pas assez d'étain, ça recouvre pas le trou et ça va pas non plus. Regarde comment je fais, tu essayeras cet après-midi. » Et, après un silence : « Tu commenceras toujours assez tôt ... »

Et nous parlons de la Kabylie, de l'Algérie, de la culture des oliviers, de la riche plaine de la Mitidja, des tracteurs et des labours, des récoltes inégales et du petit village de montagne où est restée la famille de Mouloud. Il envoie trois cents francs par mois, et il fait attention à ne pas trop dépenser pour lui-même. Ce mois-ci, il a du mal : un camarade algérien est mort, et les autres se sont cotisés pour payer le rapatriement du corps et envoyer un peu d'argent à la famille. Ça a fait un trou dans le budget de Mouloud, mais il est fier de la solidarité entre les Algériens et particulièrement entre les Kabyles. « Nous nous soutenons comme des frères. »

Mouloud doit avoir une quarantaine d'années. Une petite moustache, des tempes grises, la voix lente et posée. Il parle comme il travaille : avec précision et régularité. Pas de gestes superflus. Pas de mots superflus.

Les carrosseries défilent, Mouloud fait sa soudure. Chalumeau, étain, coups de palette. Chalumeau, étain, coups de palette.

Midi et quart. La cantine. Trois quarts d'heure pour manger. Quand je reviens à ma place, un peu avant une heure, Mouloud y est déjà. Je suis content de retrouver son visage, déjà familier, au milieu de cet atelier gris et sale, de ces ferrailles ternes.

Il n'est pas encore une heure : on attend la reprise. Un peu plus loin, un attroupement s'est formé autour de l'ouvrier algérien aux traits asiatiques que j'ai vu « couler » ce matin. « Hé, Sadok, fais voir ! Où tu l'as eu ? » Je m'approche. Sadok exhibe, hilare, une revue pornographique, danoise ou quelque chose comme ça. Sur la couverture, une fille suce un pénis en érection. C'est en gros plan, avec des couleurs agressives, réalistes. Je trouve ça très laid, mais Sadok a l'air ravi. Il l'a achetée à l'un des camionneurs qui, en même temps qu'ils transportent pour Citroën tôles, moteurs, pièces de machines, containers et voitures finies, alimentent l'usine en petits trafics de cigares, de cigarettes, d'objets divers.

Mouloud, qui a repéré d'un coup d'œil l'objet de toute cette agitation, ne se dérange pas. Quelqu'un lui lance : « Eh, Mouloud, viens voir de la fesse, ça fait du bien. » Il ne bouge pas, réplique : « Ça ne m'intéresse pas. » Et à moi, revenu près de lui, il dit, plus bas : « C'est pas bien. Moi, j'ai la femme et les enfants là-bas, en Kabylie. C'est pas comme Sadok. Lui, c'est un célibataire qui peut s'amuser. »

La revue porno dans la poussière de ferraille et la crasse des combinaisons grisâtres : impression pénible. Des fantasmes de prisonniers. Je suis content que Mouloud se tienne à l'écart.

Bruit de tôles, chacun regagne sa place, la chaîne redémarre.

« Allez, à toi maintenant », me dit Mouloud. « Tu as vu comment il faut faire. » Et il me tend le chalumeau et le bâton d'étain.

« ... Mais non ! Pas comme ça ! Et puis, mets les gants, tu vas te brûler. Ho ! attention au chalumeau ! Passe !... »

C'est la dixième voiture sur laquelle je m'escrime en vain. Mouloud a beau faire, m'avertir, me guider la main, me passer l'étain, me tenir le chalumeau, je n'y arrive pas.

Là, j'inonde le métal d'étain pour avoir tenu le chalumeau trop près du bâton et trop longtemps : il ne reste plus à Mouloud qu'à racler le tout et à refaire l'opération précipitamment alors que la voiture est déjà presque sortie de notre zone. Là, je ne mets pas assez d'étain et le premier coup de palette fait réapparaître la fissure qu'il fallait recouvrir. Et quand, par miracle, j'ai fait couler une quantité à peu près convenable d'étain, je l'étends avec tant de maladresse – ah, cette maudite palette que mes doigts refusent obstinément de maîtriser ! – que la soudure prend des allures de montagnes russes, et qu'il y a un infâme bosselage là où Mouloud parvenait à réaliser une courbe parfaitement lisse.

Je m'embrouille dans l'ordre des opérations : il faut mettre les gants pour le coup de chalumeau, les enlever pour le coup de palette, ne pas toucher l'étain brûlant à main nue, tenir le bâton de la main gauche, le chalumeau de la main droite, la palette de la main droite, les gants qu'on vient d'enlever dans la main gauche, avec l'étain. Cela avait l'air évident, quand

Mouloud le faisait, en gestes précis, coordonnés, successifs. Moi, je n'y arrive pas, c'est la panique : dix fois, je suis sur le point de me brûler et c'est un geste rapide de Mouloud qui écarte la flamme.

Chacune de mes soudures est à refaire. Mouloud me reprend les instruments et rattrape de justesse, trois mètres plus loin. Je suis en sueur et Mouloud commence à se fatiguer : son rythme est brisé. Il ne manifeste aucune impatience, continue à faire ce double travail – guider le mien, puis le refaire –, mais nous « coulons ». Nous glissons inéluctablement vers le poste suivant, nous commençons la nouvelle carrosserie avec un mètre de retard, puis deux mètres ; nous l'achevons, ou plutôt Mouloud l'achève, en hâte, trois ou quatre mètres plus loin, le câble du chalumeau tendu presque au maximum, au milieu des instruments du poste suivant. Plus j'essaye de faire vite, plus c'est la panique : je fais couler de l'étain partout, je laisse tomber la palette, je me retourne en menaçant Mouloud de la flamme de mon chalumeau, qu'il évite de justesse.

« Mais non, comme ça, tiens, regarde ! » Rien à faire. Mes doigts sont rétifs, ma maladresse incurable. Je m'épuise. Mes bras tremblent. Je presse trop fort avec la palette, je ne maîtrise pas mes mains, des gouttes de sueur commencent à me brouiller la vue. L'allure des carrosseries me paraît déchaînée, rien à faire pour remonter, Mouloud rattrape avec de plus en plus de mal.

« Écoute, ça sert à rien de t'affoler comme ça. Arrête un peu et regarde comment je fais. »

Mouloud me reprend les instruments et retrouve le rythme régulier de son travail, un peu plus rapide qu'auparavant, pour remonter progressivement le retard que nous avons pris : quelques centimètres à chaque carrosserie ; au bout d'une dizaine, il est presque revenu à sa place normale. Moi, je reprends mon souffle en le regardant faire. Ses gestes ont l'air si naturels ! Qu'ont ses mains, qui manque aux miennes ? Pourquoi ses bras et ses doigts savent-ils travailler, et pas les miens ? Une carrosserie : étain, chalumeau, coup de palette, et, à l'endroit où la courbure métallique était fendue, il y a maintenant une parfaite surface lisse. Pourquoi sait-il travailler et pas moi ?

La pause de trois heures et quart. Mouloud me la sacrifie. Les autres se dégourdissent les jambes, forment des groupes, bavardent, vont et viennent, s'assoient sur des fûts ou s'adossent aux carrosseries immobiles. Mouloud, lui, reprend ses explications. La voiture qui est devant notre poste ne bouge pas, c'est plus facile. Voilà à quelle distance il faut tenir le chalumeau. Et voici comment on pose les doigts sur la palette. Là. Appuyer le pouce pour envelopper l'arrondi du métal. Au milieu, il faut presser très légèrement, pour ne pas chasser l'étain, et, progressivement, il faut appuyer de plus en plus fort en s'éloignant : c'est comme ça qu'on obtient le dégradé. La palette d'abord vers la gauche, puis vers la droite. Puis un petit coup vers le haut, et un autre vers le bas. Mouloud refait le geste lentement : quatre fois, cinq fois. À moi maintenant : il guide ma main, dispose mes doigts contre le bois. Comme ça. Voilà. Bon, ça ira peut-être... Tout cela, ma tête croit le comprendre : mes mains obéiront-elles ?

Fin de la pause, reprise. Tintamarre de la chaîne. Une nouvelle carrosserie s'avance, lente et menaçante : il va falloir refaire les gestes pour de vrai. Vite, le chalumeau, ah non ! j'oubliais, les gants d'abord, où est l'étain ? Bon sang, qu'elle avance vite, déjà au milieu du parcours, un coup de flamme, merde ! trop d'étain, rattraper ça à la palette, il y en a partout... Mouloud me l'enlève des mains. Encore un essai... Non, ça ne va pas. Je suis consterné, je dois lancer à Mouloud un regard chaviré, il me dit : « T'en fais pas, va, c'est toujours un peu dur au début, repose-toi, laisse-moi faire. » Une nouvelle fois je suis sur le bord, à regarder, impuissant : la chaîne m'a rejeté. Pourtant, elle paraît avancer si lentement...

Mouloud renonce à me confier à nouveau les outils.

« Ça ira mieux demain, va, faut pas t'en faire. » Nous parlons de son propre commencement à ce poste, il y a longtemps : il a pris le coup de main assez vite, mais au début, ce n'est pas commode... Maintenant, il a une vieille expérience de la soudure à l'étain et il fait cela machinalement.

Au fait, soudeur, j'ai entendu dire que c'est un métier. Quelle qualification a-t-il, Mouloud ? Je lui demande comment Citroën le classifie. « M. 2 », répond-il, laconique. Manœuvre.

Je m'étonne. Il n'est que manœuvre ? Ce n'est quand même pas si facile, la soudure à l'étain. Et moi qui ne sais rien faire, on m'a embauché comme « ouvrier spécialisé » (O.S. 2, dit le contrat) : O.S., dans la hiérarchie des pas-grand-chose, c'est pourtant au-dessus de manœuvre... Mouloud, visiblement, n'a pas envie de s'étendre. Je n'insiste pas. À la première occasion, je me renseignerai sur les principes de classification de Citroën. Quelques jours plus tard, un autre ouvrier me les donnera. Il y a six catégories d'ouvriers non qualifiés. De bas en haut : trois catégories de manœuvres (M. 1., M. 2, M. 3) ; trois catégories d'ouvriers spécialisés (O.S. 1, O.S. 2, O.S. 3).

Quant à la répartition, elle se fait d'une façon tout à fait simple : elle est raciste. Les Noirs sont M. 1, tout en bas de l'échelle. Les Arabes sont M. 2 ou M. 3. Les Espagnols, les Portugais et les autres immigrés européens sont en général O.S. 1. Les Français sont, d'office, O.S. 2. Et on devient O.S. 3 à la tête du client, selon le bon vouloir des chefs. Voilà pourquoi je suis ouvrier spécialisé et Mouloud manœuvre, voilà pourquoi je gagne quelques centimes de plus par heure, quoique je sois incapable de faire son travail. Et après, on ira faire des statistiques subtiles sur la « grille des classifications », comme disent les spécialistes.

Voilà. Mouloud vient de finir sa dernière voiture. La cent quarante-huitième de la journée. Il est six heures moins le quart. La chaîne s'immobilise. Le bruit cesse. « Salut », me dit Mouloud, « à demain... T'en fais pas, va, ça ira mieux. » Il file vers le vestiaire. Je reste un instant dans l'atelier qui se vide, la tête bourdonnante, les jambes incertaines. Quand je m'engage dans l'escalier, bon dernier, il n'y a plus personne en vue. Les lumières se sont éteintes et les carrosseries immobiles, masses sombres, attendent l'aube de la reprise.

Je rentre, éreinté et anxieux. Pourquoi tous mes membres sont-ils douloureux ? Pourquoi ai-je mal à l'épaule, aux cuisses ? Le chalumeau et la palette n'étaient pourtant pas si lourds à porter... Sans doute la répétition de mouvements identiques. Et la tension pour maîtriser ma maladresse. Et d'être resté debout tout ce temps : dix heures. Mais les autres le font aussi. Sont-ils aussi épuisés ?

Je pense : inaptitude de l'intellectuel à l'effort physique. Naïveté. Il ne s'agit pas seulement de l'effort physique. Le premier jour d'usine est terrifiant pour tout le monde, beaucoup m'en parleront ensuite, souvent avec angoisse. Quel esprit, quel corps peut accepter sans un mouvement de révolte de s'asservir à ce rythme anéantissant, contre nature, de la chaîne ? L'insulte et l'usure de la chaîne, tous l'éprouvent avec violence, l'ouvrier et le paysan, l'intellectuel et le manuel, l'immigré et le Français. Et il n'est pas rare de voir un nouvel embauché prendre son compte le soir même du premier jour, affolé par le bruit, les éclairs, le monstrueux étirement du temps, la dureté du travail indéfiniment répété, l'autoritarisme des chefs et la sécheresse des ordres, la morne atmosphère de prison qui glace l'atelier. Des mois et des années là-dedans ? Comment l'imaginer ? Non, plutôt la fuite, la misère, l'incertitude des petits boulots, n'importe quoi !

Et moi, l'établi, est-ce que je vais y arriver ? Que se passera-t-il si demain je ne parviens toujours pas à faire ces soudures ? Me mettront-ils à la porte ? Quelle dérision ! Une journée et demie d'établissement... et la porte pour incapacité ! Et les autres, ceux qui n'ont pas de diplômes et qui ne sont ni costauds ni habiles de leurs mains, comment font-ils pour gagner leur vie ?

La nuit. Je n'arrive pas à trouver le sommeil. Dès que je ferme les yeux, je vois défiler les 2 CV, procession sinistre de carrosseries grises. Je revois la revue porno de Sadok au milieu des sandwichs et des bidons d'huile, et de la ferraille. Tout est laid. Et ces 2 CV, cette file infinie de 2 CV... La sonnerie du réveil. Déjà six heures ? Je suis courbatu, aussi épuisé qu'hier soir. Qu'ai-je fait de ma nuit ?

LES LUMIÈRES DE LA GRANDE CHAÎNE

J'avais tort de m'en faire. Il n'est pas question de me mettre à la porte. Deux bras à quatre francs de l'heure, Citroën en aura bien l'usage, même s'ils ne sont pas fameux. Inapte à la soudure à l'étain ? Qu'à cela ne tienne, il y a tant de postes équivalents, tant de boulons à serrer, tant d'objets à transporter ! Noir ou Arabe, je n'aurais sûrement pas droit à un autre essai : on me collerait un balai dans les mains ou des chariots surchargés à pousser. Mais je suis Français. Même O.S., même maladroit, je devrais pouvoir faire mieux que pousse-balai.

À sept heures du matin, au démarrage de la chaîne, Mouloud m'a fait faire encore un essai. À sept heures et demie, il avait définitivement renoncé.

« Ça fait rien, va, ils vont bien te trouver autre chose à faire. Et puis, tu y gagneras peut-être. Tu sais, ici, c'est pas un bon poste. L'étain, ça rend malade. Tous les mois, on me fait une prise de sang. Celui qui était là avant moi, ils l'ont enlevé parce qu'il commençait à aller mal. Mais ils ne lui ont pas reconnu la maladie professionnelle, ah non ! Ils l'ont mis ailleurs,

27

c'est tout. Jamais ils voudront reconnaître qu'il y a une maladie professionnelle de l'étain. Mais alors, pourquoi les prises de sang ?... Et moi, ils me changeront de poste quand je cracherai des bouts de fer. T'en fais pas, tu perdras pas grand-chose. »

Vers huit heures, le contremaître Gravier fait son apparition. « Alors, Mouloud, il y arrive ? » Gravier est grand et baraqué, genre beau gosse, avec un rien de vulgarité dans la voix, histoire de marquer le côté ancien ouvrier. Il est brutal et craint. « Il y arrive ? Il peut continuer le poste tout seul ? – Euh... c'est pas encore ça, chef, je sais pas si il pourra. » Mouloud est embarrassé, il ne veut pas me faire de tort. Il ajoute à tout hasard : « Il fait ce qu'il peut, chef, c'est pas facile au début... » Gravier le coupe et tranche : « Bon, laisse tomber. » Puis, se tournant vers moi : « Allez, suis-moi. »

Escalier. Couloirs encombrés de containers. Terrifiant vacarme des presses. Allées où foncent les caristes. Escaliers. Détours. Bouffées de froid. Bouffées de chaleur. Fenwicks. Salles encombrées. Escalier. Puis une salle qui me paraît immense, explosion de bruits stridents et de couleurs criardes. Des postes partout, une chaîne interminable qui court sur le côté le plus allongé d'un vaste rectangle, et d'autres chaînes plus petites, perpendiculaires, transversales, obliques, et des petits établis avec des gens en train de gainer, de percer, de tailler, de visser. Un mouvement d'éléments en tous sens : par terre, à hauteur d'homme, au plafond. Et le défilé de voitures colorées, brillantes, vives. Ces couleurs me frappent, un choc après la grisaille des tôles crues de l'atelier de soudure. Et aussi les bruits, beaucoup plus divers et discordants. Un choc, oui, mais pas agréable : cette lumière artificielle et ce vacarme différent sont aussi difficilement supportables que l'étaient, chez Gravier, le glissement des tôles et la répétition cyclique des bruits. Chez Gravier, il n'y avait que du métal. Ici, c'est autre chose : c'est un atelier de finition, où les voitures arrivent peintes, rutilantes, où on les « habille » : on recouvre l'intérieur, on monte les sièges, les phares, les chromes, on pose le bloc moteur sur le chassis, on met les vitres, on monte les roues. Tout cela, je le saisis au passage. Pas le temps de contempler : c'est le pas de course derrière la blouse blanc sale de Gravier. Nous entrons dans un bureau, grande cage vitrée, centrale. Un autre contremaître est assis derrière une table : petit, gros, à moitié chauve. Gravier me présente en deux mots et file. L'autre : « Attends là. » Et il se replonge dans ses papiers. Ils tutoient tous leurs ouvriers. Pourquoi ? Pourquoi ce ton cassant ? C'est l'autorité qui veut ça. C'est le système. C'est un petit bout du système Citroën. Comme de vous ignorer en passant, comme les ordres secs, comme de dire à quelqu'un d'autre, en votre présence : « Mettez-le donc à ce poste. » Les mille façons de vous répéter à chaque instant de la journée que vous n'êtes rien. Moins qu'un accessoire de voiture, moins qu'un crochet de chaîne (tout ça, on y fait attention). Rien.

J'attends, debout – personne ne m'a dit de m'asseoir ; un ouvrier assis pendant les heures de travail, pensez donc, ce serait un comble ; on tolère déjà qu'il ne fasse rien entre ses deux postes, ça lui fera bien cinq ou dix francs de paye pour rien, vous n'imaginez pas qu'en plus on le ferait asseoir ! J'attends sans rien dire et sans bouger. Je suis quand même gêné de mon échec à l'étain. Je ne tiens pas à me faire remarquer.

Le contremaître est dans ses papiers. Lui, c'est Huguet, un petit monsieur tiré à quatre épingles, très homme d'affaires avec la cravate et le veston sous la blouse blanche repassée de frais. Pas n'importe qui, Huguet : il règne sur le 85, la grande chaîne, le plus grand atelier de l'usine de Choisy. Il a plusieurs centaines de personnes sous ses ordres.

En ce moment, il me présente son front dégarni, rose et luisant. Il fait l'important. Il fait quelque chose d'important. Les effectifs. C'est important, les effectifs. Savoir qui est là, qui n'est pas là. Qui est arrivé à l'horloge pointeuse avec dix minutes de retard. Ou même avec deux minutes de retard. Eh oui ! Deux minutes de retard. Vous avez beau vous essouffler, enfiler votre tenue de travail à toute vitesse, traverser le vestiaire comme une flèche, arriver à votre poste haletant au moment précis où la chaîne se met en route, commencer votre travail exactement en même temps que les autres, votre carton de pointage a déjà été enlevé par le gardien, il atterrit chez Monsieur l'agent de secteur, chez Monsieur le contremaître. Ineffaçables, ces deux minutes. Va falloir vous expliquer, mon gaillard. Et si c'est la troisième fois du mois, gare ! la prime qui saute, quand ce n'est pas la mise à pied. Vous, vous dites : Deux minutes, deux petites minutes ! et j'ai commencé en même temps que les autres, Citroën n'a pas perdu une seconde par ma faute, pas un milliardième de 2 CV, pas un centime, alors pourquoi ma prime doit-elle sauter, pourquoi ? Et la discipline ? Qu'est-ce que vous faites de la discipline ? Et à quoi sert un contremaître, sinon d'abord, en priorité absolue, à faire respecter la discipline ! Et voilà pourquoi votre nom est maintenant sous les yeux de Huguet qui fronce les sourcils et compulse ses papiers d'un air sévère : « Gonçalves, Antonio... Gonçalves, Antonio... Il n'a pas déjà un retard dans son mois, celui-là ? » C'est important, ça, de savoir à qui il faut coller un avertissement pour un deuxième retard injustifié. Ou une mise à pied pour un troisième. Et qui on peut licencier pour n'avoir pas envoyé à temps de certificat médical. Ça en fait, des choses importantes ! Et après, il faudra voir combien on a fait de voitures pendant la première heure (ah, comme c'est bien si on a réussi à en fourguer une de plus que la veille !). Et vérifier que les fournitures commandées sont bien arrivées. Et voir si le problème du stockage des moteurs est réglé. Et remettre le rapport au bureau des méthodes sur le chronométrage des temps en sellerie. C'est important, tout ça, c'est important, un contremaître. Pas étonnant qu'il n'ait pas un instant à m'accorder. Moi, je ne suis pas pressé.

J'attends.

Sans doute y a-t-il une pause dans toutes ces tâches importantes. La blouse blanche distrait soudain quelques secondes pour s'occuper de ma petite personne. Justement, une blouse bleue vient aux nouvelles. La blouse blanche l'interpelle : « Ah, Dupré, voici un nouveau. Essayez donc de le mettre au carrousel des portes, puisqu'il vous manque quelqu'un. Et puis n'oubliez pas de m'envoyer la liste des principales retouches peinture d'hier, je vois Haulin tout à l'heure. » Et, sur ces importantes paroles, respectueusement reçues, replongeon du front chauve dans les papiers. Décidément, un contremaître est un monsieur très important. « Très bien, monsieur Huguet », a répondu, avec déférence, la blouse bleue-Dupré. Et à moi, sèchement : « Suis-moi. »

Nous ressortons.

Dupré est chef d'équipe et il est pressé. Il me confie à un régleur. Cascade hiérarchique. « Montre-lui les vitres », dit la blouse bleue au régleur. « Suis-moi », dit le régleur. Le régleur, c'est un tout petit chef, le plus petit, juste au-dessus de l'ouvrier professionnel. On l'appelle comme ça parce qu'il est censé « régler » les machines ; en fait, il fait de l'encadrement et il lui arrive de remplacer quelqu'un sur un poste de travail, s'il y a un pépin ou une absence provisoire. Il n'a pas de blouse – ce qui le distingue des chefs – mais il passe une bonne partie de son temps à se promener sans rien faire – ce qui l'en rapproche.

Ce régleur-ci a les traits marqués d'un marin à la fin d'une longue carrière de navigation. Il est très roux et je lui trouve une physionomie d'Irlandais. Il promène sur toutes choses un regard blasé d'aventurier échoué par hasard dans ce coin perdu de la production automobile. Et la perspective de me montrer ce qu'il faut faire « aux vitres » paraît l'ennuyer prodigieusement. Nous nous y traînons. Pour tout dire, il a l'air de s'en foutre. C'est ce que, par la suite, on me dira de lui : « Il s'en fout. » Ce qui, de la part des ouvriers parlant d'un régleur est, bien sûr, un éloge.

Terminus : une petite table, à côté de la chaîne où tournent des portières que des ouvriers habillent (vitres, serrures, tiges chromées...). Sur la table, une pile de vitres : un des ouvriers de la chaîne s'y approvisionne à chaque passage de portière et fixe aussitôt la vitre à la portière en mouvement. Mon travail consistera à préparer les vitres, c'est-à-dire à les gainer de caoutchouc. C'est un poste immobile, mais dont la cadence dépend évidemment de celle de la chaîne qu'il fournit. J'ai une espèce de poudre, comme du talc, pour éviter que le caoutchouc glisse. J'ai un maillet. Il faut viser correctement pour que la forme du caoutchouc s'emboîte exactement sur la vitre : si on ne le pose pas bien dès le premier coup, ça forme des plis, des étirements, le caoutchouc se défait aux courbures, et tout est à refaire. Le rouquin réalise deux vitres en guise de démonstration, me demande si j'ai compris (« Oui »), m'informe en grommelant que le poste est au « boni » et qu'il faut que je fasse au moins trois cent vingt vitres par jour. Sur quoi il s'éclipse au pas de promenade, sans même me regarder attaquer la première vitre. Pas curieux.

Tout de suite désagréable, le contact de la poudre et du caoutchouc contre les doigts, et l'odeur fade. Je calcule : trois cent vingt vitres par jour, cela fait trente-deux vitres par heure, un peu moins de deux minutes par vitre. Combien de fois par mois, cette infime besogne qui m'est promise à l'infini ? Holà ! pas le temps de penser. Il y a urgence : la provision de vitres baisse à vue d'œil, et l'ouvrier de la chaîne qui vient se fournir me lance des regards inquiets. Je commence.

Au bout d'une demi-heure, ma conviction est faite : je n'ai pas plus d'avenir dans le gainage des vitres que dans la soudure à l'étain. Jamais je n'aurais imaginé combien de pièges peuvent réserver un bout de caoutchouc, une glace « de sécurité » et de la poudre blanche – dont j'ai vite fait de recouvrir table, vitres, ma veste, mon visage. Sur trois vitres, j'en rate deux et, à force de m'y reprendre, je n'en ai fait que six en une demi-heure, au lieu des seize qui constituent le minimum. Et le stock de réserve est presque épuisé. Je m'éponge le front, perplexe, quand survient un secours inattendu.

Un grand gaillard à allure de play-boy, jeans et col roulé, qui travaillait en sifflotant sur la chaîne des portières, à quelques mètres de ma table, a quitté son poste et, sans mot dire, se met à gainer mes vitres. En dix minutes, il en confectionne six ou sept.

La pause de huit heures et quart. Je le remercie. « C'est rien, c'est rien. » Je m'étonne qu'il ait pu laisser son poste de chaîne dix minutes. Il rit. « Mais il y a Pavel et Stepan ! » Explication : ils sont trois Yougoslaves qui occupent des postes successifs dont l'ensemble constitue le montage de serrures complètes – travail délicat avec des tas de petites vis à placer dans des coins. Mais ils sont si adroits et travaillent si vite qu'ils parviennent à recomposer les trois postes en deux : l'un d'entre eux peut ainsi être libéré en permanence par roulement, pour aller fumer tranquillement aux toilettes ou faire la conversation aux filles de la sellerie. C'est grâce à ce système que Georges – c'est son nom – a pu me venir en aide. Et le chef ferme les yeux sur cet arrangement des trois Yougoslaves, cette petite équipe d'entraide spontanée, parce qu'il n'y a jamais d'ennui sur ce tronçon de la chaîne des portières (le « carrousel des portières », comme on dit). Évidemment, la maîtrise a bien dû caresser l'idée de supprimer un des trois postes, puisque les Yougoslaves parviennent à les comprimer en deux. Mais il suffit de les regarder travailler pour se rendre compte que personne ne tiendrait normalement à un rythme pareil. On croirait voir opérer des prestidigitateurs.

Georges, je le verrai vite, jouit d'un statut de chef de bande. Non seulement dans le petit groupe des trois du carrousel, mais dans la communauté yougoslave de l'usine. Elle est nombreuse. Citroën concen-

tre les nationalités par boîte. À Choisy des Yougoslaves, à Javel des Turcs... On engloutit des collectivités entières pour pouvoir les encadrer en bloc, les
quadriller, les espionner : on dissémine des interprètes maison, on combine la surveillance à l'usine et au
foyer, on facilite la pénétration des redoutables poli-
ces politiques, flics espagnols et marocains, indica-
teurs de la P.I.D.E. portugaise. À Javel, les Turcs
arrivent par villages entiers, trimbalant intactes leurs
hiérarchies féodales. Bonne affaire pour Citroën, le
féodalisme ! Le chef de village entre dans l'usine le
matin, à la tête de son groupe de vingt ou vingt-cinq
hommes ; on lui porte sa serviette ; de la journée, il
ne touchera un outil. O.S. comme les autres sur le
papier, il se borne en réalité à surveiller, avec la bé-
nédiction de Citroën. Et les autres Turcs, sur leur sa-
laire, lui versent encore une redevance. Vertigineux
tourbillon de nations, de cultures, de sociétés détrui-
tes, éclatées, ravagées, que la misère et l'extension
mondiale du capitalisme jettent, en miettes, dans les
multiples canaux de drainage de la force de travail.
Camarades turcs, yougoslaves, algériens, marocains,
espagnols, portugais, sénégalais, je n'ai connu que des
bribes de votre histoire. Qui pourra jamais la raconter
en son entier, cette longue marche qui vous a un à
un happés vers le travail d'O.S. ou de manœuvre, les
vampires recruteurs de main-d'œuvre, les laquais des
multinationales venus écumer la misère des plus
lointains villages, les bureaucrates et les trafiquants
d'autorisations en tous genres, les passeurs et les trafics de papiers, les bateaux surchargés, les camions
brinquebalants, les cols passés à l'aube frileuse et
l'angoisse des frontières, les négriers et les marchands
de sommeil ?

Citroën qui vous a importés, lambeaux de sociétés arrachés vifs, pense, en vous laissant ainsi coagulés, mieux vous contrôler. C'est parfois vrai. Mais, ce que vous conservez d'organisation nationale, c'est aussi, pour vous, un moyen de résister, d'exister quand tout vous rejette. Certains immigrés exercent parmi leurs camarades une autorité qui, loin de doubler celle, multiforme, du patron, s'y oppose et la contrebalance. Autorité spontanée d'une personnalité plus forte qui tient la maîtrise en respect, ou point de résistance culturel d'un lettré de la chaîne (imagine-t-on l'importance pour la collectivité de l'« écrivain public » qui, au foyer, après ses dix heures de chaîne, trouve encore l'énergie de calligraphier les lettres de ses camarades analphabètes), ou héritage des luttes passées (le F.L.N. algérien a laissé des habitudes). Je ne saurai jamais pourquoi, mais Georges, pour les Yougoslaves, c'est quelqu'un d'important. Il le marque, discrètement. Il fume des cigarettes anglaises, parle avec aisance, et se meut entre les tronçons de chaîne, les fenwicks, les containers et les carrosseries comme s'il circulait entre des groupes d'invités dans un salon. Son élégance est comme un défi à la machine Citroën, à l'avilissement du travail à la chaîne. Souriant, il me donne quelques conseils pour une manipulation plus rationnelle de mon fatras de vitres et de caoutchoucs.

Fin de la pause. Georges regagne son poste et m'encourage d'un clin d'œil. Je m'y remets. Ça va toujours aussi mal. Vers neuf heures, le régleur-marin-irlandais repasse. Jette un œil écœuré sur mon stock minable. Me regarde m'acharner sur un caoutchouc rétif. « Pas comme ça, voyons... » Il refait trois vitres. Me regarde en faire une. Que je rate. Hausse les épaules en levant les yeux au ciel et s'éloigne avec un air de profond ennui. À dix heures, je n'ai plus qu'une vitre d'avance et Georges revient à la rescousse juste avant la rupture d'approvisionnement de la chaîne. Dix vitres d'avance. Avec celles que j'arriverai bien à faire, je suis sauvé... pour une heure. Et ensuite ? Je ne vais quand même pas faire tous les postes de l'usine ! L'angoisse me reprend : ce coup-ci, ils vont me virer, c'est sûr. C'est vraiment trop bête. Idées noires sur la débilité des intellectuels, la dialectique du maître et de l'esclave de Hegel, l'atrophie des capacités manuelles dans la partie de l'espèce qui s'est réservé les stylos et les bureaux... Du talc partout, les vitres qui glissent, saleté de caoutchouc.

La navigation du régleur rouquin le ramène une ou deux fois dans mes eaux : à chaque passage, il produit sans un mot mais avec une réprobation visible trois ou quatre vitres de démonstration. À plusieurs reprises, Georges revient me refaire un stock in extremis. Je me traîne ainsi sans catastrophe majeure quoique toujours talonné par le rythme du carrousel des portes jusqu'à midi, l'heure du repas au 85. Délivrance provisoire, mais je n'ai pas d'illusions : je suis incapable de tenir le poste.

Cantine.

Une heure moins le quart : reprise.

Quelques instants à malmener ma première vitre de l'après-midi, et revoici le rouquin. Flanqué de la blouse bleue Dupré. Ils se complètent bien : le régleur a toujours l'air écœuré, le chef d'équipe a toujours l'air soucieux.

« Il va pas y arriver, dit le régleur au chef.

– Il n'y a qu'à le mettre aux sièges, puisque Fernandez n'est toujours pas revenu », dit le chef au régleur.

Exécution : « Laisse tomber et suis-moi. » Je plaque sans regret maillet, talc, glaces Saint-Gobain et gaines de caoutchouc noir. Court trajet à travers la salle. Chaque virage révèle de nouveaux recoins, de nouvelles zones d'agitation. Postes de travail immobile, postes de travail en mouvement. Regards saisis au passage. Ennui. Fatigue. Répétition. Inquiétude. Regards nerveux. Regards usés. Un Noir crispé. Une femme lasse. Mouvement de voitures étincelantes. Rouges, bleues, vertes...

Arrivée à la sellerie.

Trois personnes – une femme, deux hommes – sont debout devant des chevalets. Elles confectionnent des sièges avant de 2 CV. On pose sur le chevalet l'armature métallique du siège (un squelette de chaise, simple barre grise ou beige, tordue et retordue, percée de trous alignés) et on y amarre deux rectangles de tissu à l'aide de nombreux petits caoutchoucs ronds. Sur chaque caoutchouc sont sertis deux crochets de fer symétriques : on en place un dans un trou de l'armature métallique, on étire le caoutchouc et on plante l'autre crochet d'un coup de pouce dans la toile (il faut forcer pour percer le tissu, qui ne présente pas d'ouverture). Quand tous les caoutchoucs sont en place, cela fait un dossier et un siège élastiques.

À côté des trois chevalets occupés, il y en a un quatrième vide : il est pour moi. C'est encore un travail « au boni ». Il faut faire au moins soixante-quinze sièges dans la journée. Comme nous sommes quatre, cela correspond à trois cents sièges avant chaque jour, de quoi équiper cent cinquante voitures : il en sort parfois un peu plus des chaînes, mais la maison compte sur notre prime de rendement microscopique pour nous pousser à faire la différence, et même plus. Faire un siège, c'est planter dans la toile cinquante crochets : cinquante coups de pouce. Pour exécuter ma production de la journée, il me faudra donner trois mille sept cent cinquante coups de pouce. Je regarde, rêveur, les pouces couverts de bandages et de pansements des trois autres, qui opèrent avec une rapidité mécanique.

« Hé, t'as compris ? » Le régleur interrompt ma rêverie. « Bon, alors vas-y, t'as pas de temps à perdre. » Je pose une armature sur le chevalet, prends un rectangle de tissu et deux caoutchoucs. Un coup de pouce, un autre coup de pouce...

À la fin de la journée, j'avais fait vingt-cinq sièges et Dupré, le chef d'équipe, considéra que, pour un après-midi de travail, c'était un début encourageant. De fait, deux jours plus tard, j'atteignis la production quotidienne requise de soixante-quinze sièges. Ce troisième poste serait le bon.

Le premier jour des sièges, j'étais rentré chez moi les pouces gonflés et sanguinolents. Dès le lendemain matin, je portais, comme les autres, d'épais bandages, dont la surface se transformait en charpie au frottement répété des crochets, mais dont la protection – malgré cette décomposition superficielle tout à fait inesthétique et désagréable, l'odeur et la sensation tactile déplaisante du caoutchouc se mêlant à celles du sparadrap déchiqueté – restait en général suffisante pour éviter la meurtrissure des pouces. Toutefois, les trois mille sept cent cinquante coups de pouce quotidiens faisaient affluer le sang et, le soir, je sentais ma main si lourde et gonflée qu'il me fallait une bonne heure après la fin du travail pour en retrouver un usage à peu près normal. Encore évitais-je soigneusement, chez moi, toute pression du pouce lorsque j'avais à prendre ou à tenir un objet. L'irritation des caoutchoucs et des pansements décomposés me poursuivait en permanence, émoussant mes sensations, m'écœurant aux repas. Personne n'en parlait, mais les autres y étaient sensibles aussi. Nous éternuions plus souvent. Je constatais par des rougeurs sur mon corps un début d'allergie. Que faire ? Je m'habituai et n'y pris plus garde. Mais l'impression restait, en arrière-fond, permanente. Je découvrais cette autre routine de l'usine : être constamment exposé à l'agression des objets, tous ces contacts désagréables, irritants, dangereux, avec les matériaux les plus divers : tôles coupantes, ferrailles poussiéreuses, caoutchoucs, mazouts, surfaces graisseuses, échardes, produits chimiques qui vous attaquent la peau et vous brûlent les bronches. On s'habitue souvent, on ne s'immunise jamais. Des allergies, il y en a sûrement des centaines, jamais reconnues. Après l'usine, on se nettoie à fond, pour essayer de se décoller de tout ça. Certains utilisent des acides, des détergents, s'acharnent à récurer leur peau et aggravent le mal – à l'atelier même, à l'arrêt des chaînes, sous l'œil des chefs indifférents ; s'ils veulent bousiller leur peau, qu'ils le fassent : ça ne coûtera rien à Citroën, ce n'est pas comme si on abîmait une carrosserie. Et tous ces produits dangereux dont nous ignorons les effets ! L'étain, qui attaquera sans doute les poumons de Mouloud, non reconnu ! Les pistoletteurs de l'atelier de peinture malades du benzolisme, non reconnu ! Les bronchites chroniques, les rhumes à répétition, les mauvaises toux, les crises d'asthme, les respirations rauques : « Vous fumez trop », diagnostique, imperturbable, le médecin du travail de chez Citroën. Et les peaux qui se fendillent, s'ulcèrent. Et les hommes qui se frottent, se grattent. Ici, à la chaîne et aux postes qui en dépendent, aucun corps n'est à l'abri. Mon début d'allergie au caoutchouc ? Bah, une goutte d'eau.

Les jours passent, immenses, dix heures par dix heures.

Je m'accoutume au poste. Pendant que mes mains opèrent leur va-et-vient, je regarde autour de moi. Aux pauses, je parle un peu. Mon chevalet est un tout petit point dans l'agitation de l'atelier. Je vois autour de moi les multiples travaux de la sellerie, mousses, tissus, caoutchoucs : forte concentration de femmes ; tout près de nous, le défilé des carrosseries peintes sur la grande chaîne – du bleu, du vert, du noir, tiens ! une camionnette jaune pour les Postes – et, plus loin, l'arrivée des blocs moteurs par une chaîne aérienne et la fixation du moteur au chassis. Le carrousel des portières n'est plus en vue mais, parfois, je profite du casse-croûte pour aller dire bonjour à Georges et aux Yougoslaves.

Les quatre des sièges avant, nous formons un petit monde. J'observe les trois autres : ils ont chacun leur méthode.

La femme travaille à toute vitesse. Elle porte des pantoufles, paraît faire corps avec son chevalet, avec le sol de l'atelier ; elle ne lève pas les yeux de son cadre, ne parle à personne. Elle a les traits tirés, les yeux vides. Son allure me stupéfie. En fin de journée, elle dépasse presque toujours les quatre-vingt-dix sièges.

Il y a un jeune Français, cheveux longs, traits émaciés. Nous nous lions d'amitié. Il est breton, maladif (je l'apprendrai plus tard : tuberculeux). Il s'appelle Christian. Il travaille assez vite. Mais il met un point d'honneur à ne jamais faire un siège de plus que les soixante-quinze de la norme : il finit presque toujours une demi-heure ou trois quarts d'heure avant la fin de la journée et passe ce temps à se promener et bavarder dans l'atelier, récoltant quelques coups d'œil mauvais des chefs qu'il croise – mais il a fait sa production, que peuvent-ils dire ? Il est furieux contre la femme, qu'il appelle « la folle » : « Si la folle continue à foncer comme ça, ils vont encore relever le boni ! C'est à cause d'elle qu'on est à soixante-quinze. Avant, c'était soixante sièges par jour, et on était cinq pour faire le boulot. » (Il y a toujours un « avant », comme pour les records sportifs : ici, on a supprimé un poste, là raccourci le temps d'une opération, ailleurs ajouté dix pièces à faire ; on trouve toujours à rogner une seconde, une minute, un mouvement : ça ne s'arrêtera donc jamais ?) « Mais regarde-la cavaler, cette folle ! Alors, ils nous ont passé à soixante-quinze et on n'est plus que quatre. Mais rien à faire pour lui expliquer... Et combien tu crois que ça lui fera en plus à la fin de la quinzaine ? Même pas cinquante francs ! » Il secoue la tête, navré.

La femme, elle, fonce, inaccessible, murée dans son acharnement à produire des sièges. Il paraît qu'elle est là depuis des années. Des années à planter quatre mille crochets par jour, des années à répéter ces coups de pouce frénétiques. Pense-t-elle s'en sortir comme ça ? Ou bien est-ce la peur des chefs ? Quelle détresse familiale y a-t-il derrière cette lutte vaine pour produire quelques sièges supplémentaires ? Elle ne répond guère quand on essaye de lui parler. Je ne saurai jamais.

Le troisième ouvrier est un Noir. Il s'en tient à une position moyenne : trois ou quatre sièges de plus que les soixante-quinze réglementaires, juste assez pour faire preuve de bonne volonté, mais sans fanatisme. Il faut bien ménager les chefs, mais il veille à ne pas casser la norme. Pas commode, de faire preuve d'indépendance, quand on est immigré : qui tolérerait qu'il imite Christian et aille se promener dans l'atelier une fois atteint le boni ? Le premier chef d'équipe rencontré l'épinglerait. Un jeune Français, passe encore, mais un Noir ! J'entends déjà la phrase, cent fois répétée, cinglante. « Si t'as pas envie de travailler, retourne chez toi. On n'a pas besoin de fainéants, ici. » Ce léger dépassement du boni, c'est ce qu'il peut faire de mieux pour marquer sa solidarité. Christian le sait, et il l'a à la bonne. De toute façon, nous ne communiquons que par sourires ou gestes : il ne parle pas un mot de français.

Quant à moi, je fais mes soixante-quinze sièges par jour, de justesse. Et, parfois, il en manque deux ou trois en fin de journée.

Des semaines...

Les journées raccourcissent, l'usine sombre dans l'hiver, vaste bateau réduit à sa salle des machines. Lorsque nous sortons, le soir, il fait nuit. Lorsque nous reprenons, à l'aube, il fait nuit. Nous ne vivons plus qu'à la lumière électrique. Il faut attendre le samedi pour voir le jour.

Novembre. Bientôt trois mois à faire des sièges. Citroën a ramené la journée de travail à neuf heures et quart. Aux sièges, comme partout ailleurs, ils en ont profité pour accentuer encore un peu notre rythme : soixante-dix sièges – cinq sièges de moins seulement pour une durée raccourcie de trois quarts d'heure. Christian est furieux. Il a eu un échange de mots vifs avec Dupré. Sortir trois quarts d'heure plus tôt, c'est un soulagement, bien sûr, mais ils ont évidemment éprouvé le besoin de le compenser par un peu d'épuisement supplémentaire...

Un jour gris et froid. Je suis fatigué dès le matin.

Un coup de pouce, un caoutchouc planté, un coup de pouce, un caoutchouc planté, pouce, caoutchouc, pouce, caoutchouc, un siège fini. J'en place un autre, cadre vide. Premier coup de pouce, caoutchouc. Un coup d'œil sur la femme stakhanoviste : elle est déchaînée, elle commence son quatrième siège vingt minutes après la reprise. Je vois le va-et-vient rapide de ses mains. Le geste répété des deux pouces bandés sur deux caoutchoucs : clac, clac, clac. J'en ai le vertige. La sellerie tourne, scandée par ces deux pouces inlassables. Elle ne voit rien, elle a les yeux fixés sur son cadre. Mes mains sont lourdes, mes pouces douloureux. Comment fait-elle, cette femme-machine ? J'essaye de suivre. Deuxième siège fini, nouveau cadre, caoutchouc. Elle en est au cinquième. Au cinquième ou au sixième ?

L'odeur du caoutchouc m'écœure. Comment fait-elle ? Et tous les autres, sur la grande chaîne ? Coups de soudure. Chocs de vrille. Marteau. Moteur ajusté. Une autre voiture. Une autre voiture. Et le Malien, là-bas, qui vient de visser son soixantième bout de raccord sur le bloc moteur, sent-il ses bras, lui ? Coup de pouce, caoutchouc. Les vrilles de la chaîne se vrillent dans ma tête. J'ai lu quelque chose sur les filles de Hong Kong, à moitié aveugles à quinze ans pour s'être usé les yeux en montant des transistors, qu'on achète ici pour presque rien. Où vont-ils, tous ces transistors ? Où vont-elles, toutes ces 2 CV ? Voitures, selleries, choses, utiles, inutiles... Tout bascule. Tous ces objets qu'on produit tout le temps, qui dévorent Stepan, Pavel, Sadok, Mouloud, Christian, la femme des sièges, et les filles de Hong Kong que je ne connais pas...

« Eh, réveille-toi, vieux ! Ça va pas ? T'es tout blanc. » Christian en face de moi, sa main secoue mon épaule. Son visage aigu, fluet. « Eh ! » Regard inquiet. « Faut pas rester comme ça, tu vas tomber dans les pommes ! Faut que t'ailles à l'infirmerie. Attends... »

Dupré, alerté, arrive dans un flottement de blouse bleue – impeccable –, me jauge, derrière ses lunettes. Cette propreté repassée qui nous nargue... « Eh bien, quoi ? » Christian : « Il est malade. Faut l'envoyer à l'infirmerie, il a failli tomber dans les pommes tout à l'heure. » Dupré grommelle. Hésite. Il voit mon retard de sièges. Ça ne lui plaît pas. Il y a encore du stock d'avance sur la chaîne, mais en diminution : si on ne suit pas, il va y avoir des pépins. Dupré est soucieux. Après tout, si je suis vraiment malade, il pourra me remplacer par quelqu'un qui lui remontera le retard, ce ne sera pas plus mal. Il se décide : « D'accord, je te fais un bon. »

Muni de mon papier, je m'éclipse. Un faible sourire pour Christian, qui s'est déjà remis à ses sièges – un coup de pouce, un caoutchouc. Pour moi, c'est fini. C'est fini pour le moment. Mes bras ballants sont euphoriques et le sang se retire de mes pouces que je sens dégonfler. Je quitte l'odeur de la grande chaîne.

Le bruit s'atténue. Vertige. Volupté de ne rien faire. Les premières minutes sont grisantes.

L'infirmerie. Le toubib : « Qu'est-ce qu'il a, celui-là ? »

Le médecin du travail, tout le monde ici le hait. On l'appelle « le vétérinaire ». « Il donnerait une aspirine à un mort », m'a dit Sadok, un jour qu'on l'avait renvoyé de l'infirmerie à l'atelier de soudure au bout d'un quart d'heure. Il était revenu pâle, épuisé, il se plaignait de maux de ventre et disait, en empoignant son chalumeau : « Ce docteur, c'est un salaud. » Gravier, qui rôdait, l'avait entendu pester : « T'es pas content ? la porte est ouverte. – Non, chef, ça va, j'ai rien dit... » Tous les ouvriers savent que les médecins de Citroën touchent des primes d'autant plus élevées qu'ils accordent peu d'arrêts de travail. Le rendement, pour eux, c'est de réexpédier systématiquement les malades à la chaîne.

L'infirmerie, blanc gris, sent les médicaments, la maladie et les voitures. Même ici, il me semble retrouver, tenace, l'odeur du fer et du caoutchouc. Je marmonne que je me suis senti mal. Il se tourne vers l'infirmière, ce gros porc en blouse blanche vendu à la firme aux deux chevrons, et prescrit sa panacée : « Allez, donnez-lui une aspirine et renvoyez-le à l'atelier. » Mais je dois vraiment paraître en piteux état : l'infirmière hésite. Elle hasarde : « Docteur, il a l'air fiévreux, on pourrait peut-être prendre sa température. » L'homme de l'art consent d'un haussement d'épaules et porte son attention vers un Algérien qui arrive gêné, la main en sang : « Comment s'est-il fait ça, cet empoté ? » L'ouvrier commence une explication embarrassée, il a du mal à s'exprimer en français, il prend un air contrit, comme quelqu'un qui dit : « Je suis vraiment désolé pour le dérangement. »

Je rends le thermomètre : quarante degrés.

« Bon, ça va », concède le docteur, « faites-le ramener chez lui en ambulance. Je lui signe trois jours d'arrêt. »

On prépare les papiers. Je flotte. Infirmerie mesquine, odeur de désinfectant, le camarade algérien qui repart à la chaîne avec son pansement, le téléphone – une histoire de benzolisme en peinture, niée par le docteur qui s'énerve... contre qui ? une réclamation syndicale ? –, la médecine du travail achetée, à nouveau l'envie de vomir, un afflux d'odeur de caoutchouc en souvenir... Ça tourne encore. L'ambulance. Le chauffeur qui me parle dans le brouillard : « Tu vas te reposer. » Quelques rues. Je suis chez moi, au lit. Je songe avec violence à des choses douces, de la soie, la peau d'une femme parfumée, rejeter tout cela, la poussière, le caoutchouc, le métal, le gris, le vacarme, je rêve d'une peau dorée, je m'immerge dans ma fièvre, je plonge dans une fantasmagorie de soleil et de mer, de brisure chaleureuse, haletant de l'envie d'autre chose dans les draps déjà baignés de sueur.

Ces trois jours, comme ils ont filé ! Cuvé ma grippe et ma fatigue, une ou deux réunions, de longues nuits agitées, hachées d'irruptions nauséeuses de caoutchouc, envahies de visages et de carrosseries...

Et me voici à nouveau, passé la pointeuse et le froid vif de la cour, dans l'arrivée frileuse des ombres du matin, frôlement de canadiennes, de vestes et de manteaux. « Ah ! te revoilà, salut ! – Salut ! » Sept heures moins cinq : l'atelier encore silencieux, avant le boucan des chaînes – mais ce silence est une menace :

tout est prêt, les carrosseries, les engrenages, les machines retiennent leur souffle pour l'explosion de sept heures. Chacun reconnaît sa place, ses outils, le petit tas de boulons, de vis, de pièces, de caoutchoucs, laissé la veille, les cinquante centimètres carrés de son univers. On pose dans un coin le casse-croûte enveloppé dans du papier journal, parfois (les Français plus âgés) la gamelle grise que la femme a bourrée de bœuf aux carottes. Assis ou adossé, on se concentre pour savourer les deux ou trois minutes d'oisiveté qui restent, qui fondent, qui s'enfuient... Ah, ces interstices de temps dont on ne peut rien faire, qu'on voudrait retenir, dilater, alors qu'on se sent déjà comme happé vers l'instant proche du démarrage et du fracas !

Je gagne mon poste. Tiens, il y a quelqu'un. Mon remplaçant de ces trois jours est déjà là, il prépare ses caoutchoucs. C'est un Algérien. Il a déjà les pouces bandés.

« Bonjour, t'es là, aux sièges ?

– Oui, ils m'ont mis là. C'était toi, avant ?

– Oui. »

Il me sourit en haussant les épaules. On est si peu de chose, on ne sait rien faire, on sait tout faire. Un O.S. en remplace un autre en un quart d'heure. Le laissera-t-on là ? Le mettra-t-on ailleurs ? À un poste meilleur ? Pire ? On verra. Mektoub. En attendant, il range ses caoutchoucs. Sept heures. Boucan. La chaîne démarre. Lui aussi.

Je reste sur le côté. J'attends. Pas longtemps : Dupré arrive à pas rapides, tête baissée, fidèle à son image de marque de chef-accablé-de-soucis. Il m'interpelle : « Suis-moi. » Bon, ça veut dire que je change de poste. L'Algérien qui me remplace fait sans doute plus de sièges que moi, et ça arrange Dupré d'avoir de l'avance en sellerie.

« Tu vas décharger les balancelles. » Dupré m'explique. Les caisses peintes des 2 CV arrivent directement sur la grande chaîne, mais nues. Toutes les pièces détachées (portières, capots, ailes, coffres) arrivent de l'atelier de peinture à l'atelier de la grande chaîne par une sorte de chaîne aérienne, suspendues à des crochets spéciaux (les « balancelles »). Mon poste est le terminus de cette chaîne aérienne : je dois décrocher chaque pièce à son arrivée, vérifier qu'elle n'a pas de défaut de peinture (rayure, « larme », coulage), et la placer sur un chariot approprié (un pour les ailes gauches, un autre pour les ailes droites, un troisième pour les capots, etc.). J'ai une craie pour marquer les pièces défectueuses, que je mets de côté : elles partiront aux retouches. Un manœuvre vient toutes les quelques minutes m'apporter un nouveau chariot vide et en emporter un plein vers le poste de montage correspondant : les portières vont au « carrousel », les autres pièces en divers points de la grande chaîne.

« Voilà, tu as compris ? »

J'acquiesce. Dupré me regarde quelques instants décrocher mes bouts de ferraille de toutes les couleurs, s'assure que je suis capable de distinguer une portière avant gauche d'une portière arrière droite et de marquer d'un rond de craie un accroc de peinture, et part vaquer à ses autres occupations de chef.

Le manœuvre chargé des chariots arrive quelques instants plus tard, galopant derrière son engin.

« Bonjour, c'est toi maintenant ? »

Surprise : c'est un Français, assez âgé. Ces postes de manœuvre sont en général tenus par des immigrés.

L'homme a un large front dégagé, des cheveux presque blancs : je lui trouve une tête d'instituteur ou de professeur. Il porte un vieux bleu de travail usé. Rapide, passant en vitesse d'un chariot à l'autre, avec des petits coups d'œil vifs autour de lui. Pas le temps d'engager la conversation, il a déjà filé avec son chargement de capots.

Les balancelles, c'est plutôt un bon poste : un peu manutentionnaire, un peu contrôleur. Évidemment, il faut souvent lever les bras, mais les pièces ne sont pas trop lourdes (les capots un peu plus que les autres, et surtout encombrants). Et comme elles sont peintes, le contact est moins désagréable qu'avec la ferraille crue : on ne risque pas de s'entailler les doigts avec un bout d'acier (chez Gravier, en soudure, certaines pièces de métal sont de vraies guillotines ambulantes et les coupures sanglantes ne se comptent plus). L'inconvénient, c'est que c'est un poste enchaîné : le rythme de mes mouvements dépend strictement du système mécanique de circulation des balancelles. Au boni, je m'étais forgé une petite tactique individuelle pour ruser avec le temps : des accélérations, des ralentissements, un effort plus intensif le matin en commençant, un rythme plus paisible avant le repas et le temps de la digestion, des pointes de vitesse pour casser la monotonie. Malgré la dureté du travail aux sièges, je m'étais habitué à cette relative indépendance de l'ouvrier seul face à son établi. « Bon, j'en fais encore deux et je m'accorde une cigarette et une minute d'arrêt. » Ici, ce n'est plus possible : l'allure de la chaîne commande sans concession. Au début, cette mutilation de ce qui m'était resté de libre arbitre me pèse. Puis je m'y fais et trouve un avantage à ma moindre fatigue et à l'automatisme du décrochage. Le mécanisme de l'habitude réintroduit une petite sphère de liberté : je regarde autour de moi, j'observe la vie de mon bout d'atelier, je m'évade en pensée, laissant juste un petit coin de tête en veilleuse pour détecter les défauts de peinture.

Décrochage des balancelles. Nouvelle routine.

Les balancelles sont proches du carrousel des portières. Me voici donc à nouveau à quelques mètres des trois Yougoslaves, tout près de mon éphémère poste de gainage des vitres. Cet aller-retour a élargi mon univers. Maintenant, tout un secteur de l'atelier m'est familier : de la sellerie aux balancelles, en passant par le début de la grande chaîne et le carrousel des portières.

L'enchevêtrement fracassant qui m'avait abasourdi le premier jour s'est progressivement ordonné, au fil des itinéraires, des rencontres et des postes connus. C'est toujours l'encombrement des containers, la ruée des fenwicks, les angles droits et les renfoncements aigus le long des bureaux vitrés du contremaître et de l'agent de secteur, mais j'y ai pris des habitudes : les visites de la sellerie au carrousel des portes pour saluer les Yougoslaves ; la troisième marche de l'escalier qui monte vers l'atelier de peinture, devenue lieu habituel de casse-croûte ; maintenant Christian, qui vient bavarder aux pauses ou à la fin de la journée. Quelques jalons, quelques visages familiers : assez pour baliser un univers. Assez pour s'engourdir dans le lent écoulement sans surprise des neuf heures et quart de la journée de travail. Assez pour que les jours filent – lentement, si lentement ! –, indistincts, permutables : est-ce donc mardi ou mercredi que Dupré a piqué sa colère contre le Malien au montage des chassis ? Est-ce il y a une semaine que Sadok est venu me voir à la pause de trois heures, ou bien deux semaines déjà ?

C'est comme une anesthésie progressive : on pourrait se lover dans la torpeur du néant et voir passer les mois – les années peut-être, pourquoi pas ? Avec toujours les mêmes échanges de mots, les gestes habituels, l'attente du casse-croûte du matin, puis l'attente de la cantine, puis l'attente du casse-croûte de l'après-midi, puis l'attente de cinq heures du soir. De compte à rebours en compte à rebours, la journée finit toujours par passer. Quand on a supporté le choc du début, le vrai péril est là. L'engourdissement. Oublier jusqu'aux raisons de sa propre présence ici. Se satisfaire de ce miracle : survivre. S'habituer. On s'habitue à tout, paraît-il. Se laisser couler dans la masse. Amortir les chocs. Éviter les à-coups, prendre garde à tout ce qui dérange. Négocier avec sa fatigue. Chercher refuge dans une sous-vie. La tentation...

On se concentre sur les petites choses. Un détail infime occupe une matinée. Y aura-t-il du poisson à la cantine ? Ou du poulet en sauce ? Jamais autant qu'à l'usine je n'avais perçu avec autant d'acuité le sens du mot « économie ». Économie de gestes. Économie de paroles. Économie de désirs. Cette mesure intime de la quantité finie d'énergie que chacun porte en lui, et que l'usine pompe, et qu'il faut maintenant compter si l'on veut en retenir une minuscule fraction, ne pas être complètement vidé. Tiens, à la pause de trois heures, j'irai donner un journal à Sadok et discuter de ce qui se passe chez Gravier. Et puis, non. Aujourd'hui, je suis trop fatigué. L'escalier à descendre, un autre à monter, le retour en se pressant. Un autre jour. Ou à la sortie. Cet après-midi, je ne me sens pas capable de dilapider mes dix minutes de pause. D'autres, assis autour de moi, le regard vide, font-ils le même calcul : aller au bout de l'atelier parler

à Untel ou lui emprunter une cigarette ? aller chercher une limonade au distributeur automatique du
deuxième étage ? On soupèse. Économie. Citroën mesure à la seconde près les gestes qu'il nous extor-
que. Nous mesurons au mouvement près notre fatigue.

Comment aurais-je pu imaginer que l'on pût me
voler une minute, et que ce vol me blesserait aussi
douloureusement que la plus sordide des escroque-
ries ? Lorsque la chaîne repart brutale, perfide, après
neuf minutes de pause seulement, les hurlements jail-
lissent de tous les coins de l'atelier : « Holà, c'est pas
l'heure ! Encore une minute !... Salauds ! » Des cris,
des caoutchoucs qui volent en tous sens, les conversations interrompues, les groupes qui s'égaillent en
hâte. Mais la minute est volée, tout le monde reprend,
personne ne veut couler, se trouver décalé, empoi-
sonné pendant une demi-heure à retrouver sa place
normale. Pourtant, elle nous manque, cette minute.
Elle nous fait mal. Mal au mot interrompu. Mal au
sandwich inachevé. Mal à la question restée sans
réponse. Une minute. On nous a volé une minute.
C'est celle-là précisément qui nous aurait reposés, et
elle est perdue à jamais. Parfois, quand même, leur
mauvais coup ne marche pas : trop de fatigue, trop
d'humiliation. Cette minute-là, ils ne l'auront pas,
nous ne nous la laisserons pas voler : au lieu de retom-
ber, le vacarme de la colère s'enfle, tout l'atelier bourdonne. Ça hurle de plus en plus, et trois ou quatre
audacieux finissent par courir au début de la chaîne,
coupent le courant, font arrêter à nouveau. Les chefs
accourent, s'agitent pour la forme, brandissent leur
montre. Le temps de la discussion, la minute contes-
tée s'est écoulée, en douce. Cette fois, c'est nous qui

l'avons eue ! La chaîne repart sans contestation. Nous avons défendu notre temps de pause, nous nous sentons tellement mieux reposés ! Petite victoire. Il y a même des sourires sur la chaîne.

Ces escarmouches vous réveillent, vous voici aux aguets. Et puis l'assoupissement des gestes répétés vous gagne à nouveau. Ah, se lover dans sa routine, ménager ses forces, accepter l'anesthésie, esquiver tout ce qui dérange et fatigue un peu plus... Une aile bleu de Prusse, un capot blanc, une portière arrière gauche – rayée, je marque. Ne s'occuper de rien. La pause : la savourer. Une cigarette. Échanger deux ou trois mots anodins avec l'homme aux chariots. Pas trop. Ne pas se fatiguer. Reprise. Bientôt le repas. Penser au menu. Une aile. Un capot. Une portière.

La paix du néant ? Impossible. Les balancelles ne sont pas une île. Le monde vient battre en tempête.

L'homme aux chariots m'avait intrigué dès le premier jour. Pourquoi un Français assez âgé était-il manœuvre ? Étrange, cette tête de prof qui sortait d'une vareuse bleue trop grande, élimée, semblable à un droguet de prisonnier. Toujours en mouvement, assez loquace, l'air perpétuellement inquiet, il parlait de choses et d'autres pendant les quelques instants où ses périples à travers l'atelier le ramenaient se fournir en pièces détachées à l'arrivée des balancelles. Il s'était présenté : Simon.

Un matin, Simon vient me voir à la pause. Il paraît bouleversé. Pendant la première heure et quart de travail, contrairement à son habitude, il n'a pas desserré les dents, galopant plus vite encore qu'à l'accoutumée derrière ses chariots. Donc, à la pause, il me dit très vite, gêné : « Est-ce que tu peux me prêter cent francs ? Ma femme est malade. Une pleurésie. On n'a plus un sou. C'est pour les médicaments. »

J'ai cette somme sur moi : je la lui donne.

Il est soulagé. Nous nous mettons à parler. Je lui demande pourquoi il est manœuvre, et s'il ne peut obtenir de Citroën un emploi mieux payé.

Il hésite à répondre. Puis, roulant des yeux effarés :

« Écoute, ils ont déjà fermé les yeux pour me prendre, je ne peux pas me plaindre, il faut que je me tienne à carreau. »

Nouvelle hésitation. Je ne dis rien, intrigué. Lui, d'une voix assourdie :

« C'est que... j'ai un casier. Un casier judiciaire. »

Simon ? Un casier judiciaire ? Ce petit père tranquille ? Il me raconte l'affaire. Sa femme constamment malade (les poumons), les frais de médecin, les médicaments. Il ne pouvait plus payer son loyer. Huissier, saisie, enfin expulsion. Il se retrouve à la rue, avec sa femme. Dans la précipitation, quelques affaires personnelles (surtout des vêtements) sont restées à l'intérieur. C'est l'hiver. Il faut les récupérer d'urgence. Il brise les scellés qu'on a posé sur la porte de son logement et reprend ses bricoles. Pour ce crime (violation de domicile), on l'a traîné devant un tribunal qui lui a infligé trois ans de prison avec sursis. TROIS ANS.

Et, depuis, il trimballe un « casier », vit dans une peur permanente, se contente des emplois les plus mal payés et file doux, trop content qu'on « ferme les yeux ».

On lui fait une faveur, n'est-ce pas ? Car, en principe, Citroën exige de ses ouvriers un casier judiciaire vierge : on doit le présenter dans les quinze jours qui suivent l'embauche, avant la fin de la période d'essai.

Il est évident que, pour travailler à la chaîne, il est indispensable de présenter de sérieuses garanties de moralité. On ne va pas donner huit cents francs par mois pour dix heures de travail par jour à des gibiers de potence ! Mais n'allez pas croire que, cette rigoureuse sélection effectuée, Citroën considère pour autant que ses ouvriers sont d'honnêtes gens. Non. Pour Citroën, tous les ouvriers sont des voleurs potentiels, des délinquants qu'on n'a pas encore pris sur le fait. Nous sommes l'objet d'une surveillance rigoureuse de la part des gardiens, qui procèdent à des fouilles fréquentes à la sortie de l'usine (« Eh là, toi !... Oui, toi, ouvre ta serviette »... « Fais voir l'intérieur de ton manteau, ça a l'air bien gonflé. »). Fouilles humiliantes, tatillonnes, stupides. Sandwichs minutieusement déballés. Pour les ouvriers, bien sûr. Jamais on ne fouillera une de ces voitures de cadres qui circulent librement : tout le monde sait bien qu'ils embarquent des boîtes de vitesse entières et qu'ils se servent sans gêne dans les accessoires. Pour eux, l'impunité est assurée. Mais le pauvre type qu'on aura piqué à sortir un tournevis est sûr d'être licencié sur-le-champ.

L'histoire de Simon m'a glacé. Ses trois ans, son casier, je n'en reviens pas. Lui semble soulagé de m'avoir livré son secret. Nous voici complices. Il me raconte sa vie, par bribes, me tient au courant de l'évolution de la maladie de sa femme. Et, entre deux chariots de portières et de capots, me confie soudain sa nostalgie de n'avoir pas eu d'enfants, et son angoisse de la solitude s'il arrivait malheur à sa femme.

Je lui parle un peu de moi aussi. Une forme de confiance s'installe entre nous. Ses confidences me le font peu à peu apparaître sous un autre jour. Il fait semblant de filer doux, mais sa révolte est toujours là. Il n'a fait que l'enfouir. Il a des sournoiseries de gamin. Il me confie sa participation secrète à des tentatives de grèves, à des petits sabotages, les tracts passés de la main à la main. Il s'exalte en me racontant mai 1968 à Citroën-Choisy, Junot, l'agent de secteur haï, interdit de séjour et pendu en effigie à la grande porte, l'usine occupée et barricadée. Il est resté là jour et nuit, rendant des petits services aux camarades du piquet de grève, aidant à fortifier l'usine et à installer des pièges en prévision d'une attaque des C.R.S., veillant quand même à ne pas trop se faire voir de l'extérieur. Toujours « en douce » (« Il faut que je fasse spécialement attention, tu comprends »).

Entre ses chariots, il rêve à haute voix de la révolution et ses yeux pétillent pendant qu'il me parle. Mais, dès qu'apparaît un chef, il rentre la tête, reprend son visage de brave manœuvre inquiet, et s'affaire à trimballer ses capots et ses ailes à l'autre bout de l'atelier.

Il y a, autour de la grande chaîne, une vie sociale touffue, qu'exacerbe la présence de nombreuses femmes en sellerie. Christian, fureteur, a toujours un avis sur chacune. Un après-midi, il est venu me voir à la pause. Les Yougoslaves sont là aussi, Georges son éternelle cigarette anglaise à la bouche. Quelques mètres plus loin, une blonde, très fardée, queue de cheval, est en grande conversation avec Dupré, le chef d'équipe. Il est visiblement en train de la baratiner et la femme, appuyée sur sa table de travail, souriante, ne le décourage pas. Christian leur jette un regard mauvais et, crachant par terre, siffle entre ses dents :

« La salope ! elle sort avec les chefs ! » C'est parti très vite, avec toute la vivacité du Breton. Georges, qui semblait absent et regardait ailleurs, réagit brusquement et, fixant Christian dans les yeux : « Pourquoi tu dis ça ? Elle fait de mal à personne ! C'est pas facile, la vie, pour une femme seule, elle s'en tire comme elle peut. Les salauds, c'est les chefs qui en profitent. Pas elle. » Il y eut un silence. Chacun cherchait un nouveau sujet de conversation quand la fin de la pause nous sépara.

Quelques jours plus tard, par hasard, je sortais de l'usine avec Christian et nous croisâmes la même femme dans la rue. Elle tenait par la main un petit garçon, qu'elle serrait très fort. L'enfant était épanoui, bien habillé. Elle marchait droite, le dévorant du regard, inaccessible au vacarme de la circulation, toute à son orgueil de mère. Plus rien à voir avec la coquette du 85 que nous avions vue « se mettre bien avec le chef ». Il suffisait de la regarder en cet instant pour comprendre que, tout ce qu'elle faisait, elle le faisait pour son gosse. Christian me jeta un regard honteux et ne dit rien. Je ne l'entendis plus jamais faire de réflexion sur le comportement des femmes de l'atelier.

Mon travail de contrôleur me porte à la méditation : vérifier la parfaite netteté de ces carrosseries lisses, quelle absurdité ! Une larme sur cette aile gauche : de côté, retour en peinture ! Une irrégularité sur ce poli : à la retouche ! La peinture a un peu coulé au bord de ce capot blanc : à refaire ! Contrôle. Recontrôle. Il faut que ça brille, que l'apparence soit parfaite, il faut en mettre plein la vue à l'acheteur. Car, au bout de tout ça, il y a la vente. À travers cette

dictature de l'objet (la moindre imperfection vous
signale à l'attention de la hiérarchie), c'est celle du
secteur commercial qui s'exerce sur nous : vendeurs,
représentants, concessionnaires, gens de publicité,
huiles du marketing, eux-mêmes soumis aux caprices
de la mode, de l'apparence, du standing. Ce n'est pas
une bagnole qu'on vend, mais un rêve étincelant. Et
qu'importe si l'on sait bien qu'au bout de quelques
jours d'usage elle aura de toute façon perdu sa
perfection de petite merveille : ce qui compte, c'est
qu'elle en mette plein la vue dans la vitrine d'expo-
sition. Et nous sommes là comme des imbéciles, à
contrôler, tâter, retoucher, lisser, surveiller. Surveiller ? Mais c'est nous qui sommes surveillés, surveillés
par ces surfaces lisses, toujours identiques et recom-
mencées : bleu ciel, bleu nuit, vermillon, émeraude.
Une rayure, une couche de peinture insuffisante nous
dénoncent et, s'il y a trop de défauts, c'est le branle-
bas de combat des chefs, les blouses blanches qui
accourent, voire les complets-veston. Là, ça devient
grave : un haut personnage ne se dérange pas pour
rien. Il faut les voir s'agiter, ces gens des « méthodes »
ou du « commercial », ausculter la matière, supputer
les imperfections du vernis ou du bain chimique, se
demander s'il ne fait pas trop chaud, trop froid, trop
humide – pour la bagnole, bien sûr ! Nous, nous
pouvons crever de sueur ou grelotter dans les cou-
rants d'air, ils s'en foutent. Nous, ils ne nous voient
pas, nous écartent d'un geste impatient si nous gênons
leurs mouvements, ou si nous obstruons malencon-
treusement l'arrivée de la lumière. Parfois, le contremaître, accouru servile, explicite le geste d'impatience
du complet-veston : « Allons, écartez-vous, mon
vieux, vous voyez bien que vous gênez monsieur

Bineau ! », pendant que le Bineau en question contemple le bout de ferraille peint avec des gestes d'amateur d'art, s'éloignant, se rapprochant, clignant des yeux, se mettant à la lumière, et que les autres retiennent leur souffle pour ne pas troubler l'expertise.

Les carrosseries, les ailes, les portières, les capots, sont lisses, brillants, multicolores. Nous, les ouvriers, nous sommes gris, sales, fripés. La couleur, c'est l'objet qui l'a sucée : il n'en reste plus pour nous. Elle resplendit de tous ses feux, la voiture en cours de fabrication. Elle avance doucement, à travers les étapes de son habillage, elle s'enrichit d'accessoires et de chromes, son intérieur se garnit de tissus douillets, toutes les attentions sont pour elle. Elle se moque de nous. Elle nous nargue. Pour elle, pour elle seule, les lumières de la grande chaîne. Nous, une nuit invisible nous enveloppe.

Comment ne pas être pris d'une envie de saccage ? Lequel d'entre nous ne rêve pas, par moments, de se venger de ces sales bagnoles insolentes, si paisibles, si lisses – si lisses !

Parfois, certains craquent et passent à l'acte. Christian me raconte l'histoire d'un gars qui l'a fait ici même, au 85, peu avant mon arrivée – tout le monde s'en souvient encore.

C'était un Noir, un grand costaud, qui parlait difficilement le français, mais un peu quand même. Il vissait un élément de tableau de bord, avec un tournevis. Cinq vis à poser sur chaque voiture. Ce vendredi-là, dans l'après-midi, il devait en être à sa cinq centième vis de la journée. Tout à coup, il se met à hurler et il se précipite sur les ailes des voitures en brandissant son tournevis comme un poignard. Il lacère une bonne dizaine de carrosseries avant qu'une troupe de blouses blanches et bleues accourues en hâte ne parvienne à le maîtriser et à le traîner, haletant et gesticulant, jusqu'à l'infirmerie.

« Et alors, qu'est-ce qu'il est devenu ?

– On lui a fait une piqûre et une ambulance l'a emmené à l'asile.

– Il n'est jamais revenu ?

– Si. À l'asile, ils l'ont gardé trois semaines. Puis ils l'ont renvoyé en disant que ce n'était pas grave, juste une dépression nerveuse. Alors, Citroën l'a repris.

– À la chaîne ?

– Non, au boni, juste à côté de son ancien poste : tiens, il gainait les câbles là-bas, là où il y a le Portugais maintenant. Je ne sais pas ce qu'ils lui avaient fait, à l'asile, mais il était bizarre. Il avait toujours l'air absent, il n'adressait plus jamais la parole à personne. Il gainait ses câbles, les yeux vagues, sans rien dire, presque sans bouger... immobile comme une pierre, tu vois ? Soi-disant guéri. Et puis, un jour, on ne l'a plus vu. Je ne sais pas ce qu'il est devenu. »

LE COMITÉ DE BASE

Décembre aux balancelles...

Il y a des moments d'exaspération. Qu'ai-je fait d'autre, en quatre mois, que des 2 CV ? Je ne suis pas entré chez Citroën pour fabriquer des voitures, mais pour « faire du travail d'organisation dans la classe ouvrière ». Pour contribuer à la résistance, aux luttes, à la révolution. Dans nos débats d'étudiants, je me suis toujours opposé à ceux qui concevaient l'établissement comme une expérience de réforme individuelle : pour moi, l'embauche d'intellectuels n'a de sens que politique. Et maintenant, ici, c'est cette efficience politique elle-même qui se dérobe. Par où commencer ? C'est immense, une usine. Même de douze cents personnes. On ne peut pas connaître tout le monde. On fait des rencontres au hasard, des amitiés se nouent. Le voisin de poste. Un type sympa qui engage la discussion à la cantine. Le vestiaire. Tout cela permet de tenir, donne un peu d'air. Mais c'est le hasard, et ça ne vous met pas nécessairement en rapport avec les plus « combatifs », comme on dit.

Vu du dehors, l'établissement, cela paraît évident : on s'embauche et on organise. Mais ici, cette insertion « dans la classe ouvrière » se dissout en une multitude de petites situations individuelles, où je ne parviens pas à trouver une prise ferme. Ces mots même, « la classe ouvrière », n'ont plus à mes yeux le même sens immédiat que par le passé. Non pas que j'en sois venu à douter qu'ils recouvrent une réalité profonde, mais la bigarrure et la mobilité de cette population d'O.S. au milieu de laquelle je me trouve jeté m'ont bousculé, submergé. Chacun, ici, est un cas. Chacun a son histoire. Chacun rumine sa tactique et tâtonne à sa manière à la recherche d'une issue. Comment m'orienter dans cette espèce d'univers semi-pénitentiaire, indéfiniment provisoire : qui peut imaginer qu'il fera « une carrière » d'O.S. ? qui ne ressent au fond sa présence ici et la dérision de ses travaux émiettés comme une sorte de déchéance ou d'accident ? On se passe des combines, on rêve de rentrer chez soi et d'y ouvrir un petit commerce. Beaucoup s'acharnent au tiercé, ne parvenant qu'à comprimer encore leurs maigres quinzaines de quatre cents francs. D'autres font des « coups » au-dehors. Lesquels ? Et puis il y a des trafics. Et le boulot au noir du samedi et du dimanche : là, après la semaine de chaîne, c'est une bonne chance d'y laisser sa peau en vitesse.

Oui, comment trouver une prise ?

Je fais l'inventaire de mes amitiés, des ouvriers que je connais, de ceux que je pourrais tenter de réunir.

Christian, le Breton tuberculeux de la sellerie. Il a dix-huit ans, en paraît seize. Vif, nerveux. Il est toujours aux sièges. Exaspéré par le déroulement stupide des jours : neuf heures et quart de coups de pouce-caoutchouc-siège... Comme si ça ne suffisait pas, il se débat dans un sac de nœuds avec sa petite amie, les parents, etc. Le matin, il arrive les traits tirés et les yeux rouges. Sa copine est lycéenne, et sa famille la voit d'un mauvais œil fréquenter un ouvrier. Et puis, comme il habite un foyer Citroën où règne une discipline de caserne, ils n'ont pas d'endroit où se rencontrer. Un soir, je les ai invités chez moi et je leur ai laissé une chambre. Drôle de couple. Elle est douce et souriante, beaucoup plus grande que lui. Il parle avec excitation, il fait des projets, et elle l'écoute, captivée. Peu après, ils ont trouvé une chambre de bonne, et Christian me raconte ses week-ends : comme ils n'ont pas d'argent, ils restent au lit toute la journée, à tricoter côte à côte. J'imagine. Juste le tricot qui dépasse des couvertures. Christian, le regard perçant comme à l'atelier, comptant ses mailles. Et des projets, toujours des projets... Dur de retrouver la sellerie le lundi matin, et la sarabande coups de pouce-caoutchouc. Sûrement, si l'occasion s'en présente, Christian fera quelque chose. Mais qu'ai-je à lui proposer ? Je lui ai parlé de la Chine, du Viêt-nam. Je lui ai passé des journaux. « Pas mal, ton bouquin », et il avait parlé d'autre chose.

Sadok, l'Algérien aux traits asiatiques que j'avais remarqué en train de « couler », le premier jour, chez Gravier, m'invite souvent à « La Choppe », le café qui est tout à côté de l'usine. À cinq heures, après le vestiaire, il m'attend et dit, d'une voix hésitante, comme s'il s'agissait d'une vraie requête : « Tu prends un demi ? » Et, presque toujours, il reste silencieux devant sa bière. Il sourit vaguement. Il paraît content d'avoir un peu de compagnie. Le soir, il hésite à quitter l'usine et ses abords immédiats. Il fait traîner. Sa peur de la solitude a quelque chose d'extrême, elle est proche de la panique. Des bribes d'indications qu'il me donne, je comprends qu'il n'a pas de racines, même en Algérie. La guerre a tout rasé. Personne ne lui écrit, il n'a personne à qui écrire. S'il lui arrivait un accident, cela ne ferait rien à personne. Il disparaîtrait de la surface sans faire une ride.

Un jour, il est venu me voir, très ennuyé. Son logeur – un marchand de sommeil : trois lits superposés dans une pièce minuscule – l'avait mis à la porte. Il n'avait plus d'argent. Il ne savait pas où aller dormir. Il avait peur d'être ramassé par la police si elle le trouvait couché par terre dans un lieu public. Je l'ai hébergé plusieurs soirs, le temps qu'il trouve une place dans un foyer. Du coup, il ne se passe plus de jour qu'il ne me rende visite pendant une pause ou ne m'invite au café. Il me donne des nouvelles de l'atelier de soudure, de Mouloud le Kabyle. « Ça ne change pas, tu sais. Toujours plus vite, les soudures. Toujours plus de voitures. »

À lui aussi, je lui ai passé des journaux. Mais je le sens terrifié par Gravier, et un peu à la dérive.

Et tous les autres. Simon, les Yougoslaves, les voisins sur la chaîne, les habitués de la même table à la cantine, le vieux Jojo de l'atelier de peinture, qui a son placard de vestiaire à côté du mien. Discussions, échanges rapides, et la fuite du temps, la brièveté du vestiaire, la bousculade du self à midi, la pause interrompue. « Bon, salut ! À la prochaine. »

Il m'arrive de pouvoir décrire une grève avec occupation et séquestration en Bretagne. Ou de raconter comment, dans une usine sidérurgique de Changhaï, les ouvriers ont ouvert de vastes brèches dans les murs, pour qu'il y ait une communication avec l'extérieur et que le lieu de production perde son allure de prison. Ou de parler de l'enseignement en France et de ses méthodes subtiles d'élimination des enfants d'ouvriers et de paysans. Et puis ?

Tâtonnements.

Propagande en miettes.

Recensements de possibles activistes.

Tout cela me laisse insatisfait. Cela ne compense pas les cent quarante-cinq 2 CV qui, chaque jour, sortent, imperturbables. Je m'étais rêvé agitateur ardent, me voici ouvrier passif. Prisonnier de mon poste.

Parfois j'essaye d'analyser de quoi est faite cette nasse où je me sens englué.

D'abord, il y a le travail. Il s'est abattu sur moi. Il écrase depuis longtemps les uns et les autres. Dix heures ou neuf heures et quart de gestes tendus, entrecoupés de maigres interstices où, avant tout, chacun tente de reprendre son souffle. Tout le reste de la vie se trouve brutalement comprimé, rabougri, morcelé. La conversation, il faut la tasser dans les quelques minutes de la pause ou le rapide repas de la cantine. Vous engagez une discussion le matin avec votre voisin de vestiaire sur une machine dangereuse et sur le grand nombre des accidents de travail à Citroën. Vous donnez des chiffres, vous dites comment cela se passe à Javel. Ça l'intéresse beaucoup, il commence à expliquer ses idées sur ce qu'il faudrait faire. Quelques minutes sont passées, déjà le début du travail vous sépare, chacun doit courir à son atelier, vous vous promettez de reprendre ça le soir. Quand vous regagnez le vestiaire, plus de dix heures sont passées, tout le monde est fatigué, vous avez oublié où vous en étiez, lui aussi. Vous cherchez quand même à reprendre la

discussion, mais il est pressé de partir, il vous glisse :
« Allez, faut qu'on en reparle une autre fois, salut,
hein ! » et il a déjà disparu.

Le temps est devenu une denrée rare.

Tenir une réunion. Dehors, c'est vraiment la moindre des choses. Mais ici, à l'usine, j'ai brusquement
le sentiment d'une indécence à l'idée de solliciter de
quelques camarades de travail deux ou trois heures
sans raison grave, juste pour voir ce qu'on pourrait
faire. Pourtant, souvent, la fin de la semaine ne leur
apporte que l'ennui et un décompte mélancolique des
heures qui précèdent la reprise du lundi. Certains jeunes « font la fête » : sorties en bande, dancing, cinéma.
Ou tout simplement se soûler. Mais la plupart des
ouvriers, surtout parmi les immigrés, entrent dans une
espèce de léthargie : démarche lente, palabres, longues
attentes au café. Les muscles et les nerfs cherchent,
dans cet affaissement provisoire, à se reconstituer.
Depuis longtemps, le dimanche après-midi, il m'arrive
de croiser dans les bistrots du treizième arrondissement des immigrés immobiles et rêveurs devant une
bière à peine entamée. Autrefois, je ne leur prêtais
guère attention. Maintenant, si. Dans leur regard, je
reconnais l'angoisse du temps qui s'écoule et dont ils
ne peuvent rien faire, la sensation douloureuse de chaque minute perdue qui les rapproche du vacarme de
la chaîne et d'une autre semaine d'épuisement.

Je me dis, alors, qu'il faut respecter le rythme de
vie des gens, et qu'on ne peut faire irruption à l'improviste dans un équilibre qui a tant de mal à se
reconstituer chaque soir, à la fin de chaque semaine...

Et puis, il y a la peur.

Difficile à définir. Au début, je la percevais individuellement, chez l'un ou l'autre. La peur de Sadok.

La peur de Simon. La peur de la femme aux caoutchoucs. Chaque fois, on pouvait trouver une explication. Mais, avec le temps, je sens que je me heurte à quelque chose de plus vaste. La peur fait partie de l'usine, elle en est un rouage vital.

Pour commencer, elle a le visage de tout cet appareil d'autorité, de surveillance et de répression qui nous entoure : gardiens, chefs d'équipe, contremaîtres, agent de secteur. L'agent de secteur surtout. C'est une spécialité Citroën : un chef du personnel local, juste pour quelques ateliers. Flic officiel, il chapeaute le gardiennage, tient à jour sanctions et mises à pied, préside aux licenciements. Complet-veston, rien à voir de près ou de loin avec la production : fonction purement répressive. Le nôtre, Junot, est, comme c'est souvent le cas, un ancien militaire colonial qui a pris sa retraite à l'armée et du service chez Citroën. Alcoolique rougeaud, il traite les immigrés comme des indigènes du bon vieux temps : avec mépris et haine. Plus, je crois, une idée de vengeance : leur faire payer la perte de l'Empire. Quand il rôde dans un atelier, chacun rectifie plus ou moins la position et fait semblant de se concentrer entièrement sur son poste ; les conversations s'interrompent brusquement, les hommes font silence et on n'entend plus hurler que les machines. Et si on vous appelle « au bureau », ou que le contremaître vous fait signe qu'il veut vous parler, ou que même un gardien à casquette vous interpelle brusquement dans la cour, vous avez toujours un petit pincement de cœur. Bon, tout ça, c'est connu : à l'intérieur de l'usine, vous êtes dans une société ouvertement policière, au bord de l'illégalité si on vous trouve à quelques mètres de votre poste ou dans un couloir sans un papier dûment signé d'un supérieur, en faute pour un défaut de production, licenciable sur-le-champ pour une bousculade, punissable pour un retard de quelques instants ou un mot d'impatience à un chef d'équipe, et mille autres choses qui sont suspendues au-dessus de votre tête et à quoi vous ne songez même pas, mais que n'oublient certes pas gardiens, contremaîtres, agent de secteur et tutti quanti.

Pourtant, la peur, c'est plus encore que cela : vous pouvez très bien passer une journée entière sans apercevoir le moindre chef (parce qu'enfermés dans leurs bureaux ils somnolent sur leurs paperasses, ou qu'une conférence impromptue vous en a miraculeusement débarrassé pour quelques heures), et malgré cela vous sentez que l'angoisse est toujours présente, dans l'air, dans la façon d'être de ceux qui vous entourent, en vous même. Sans doute est-ce en partie parce que tout le monde sait que l'encadrement officiel de Citroën n'est que la fraction émergée du système de flicage de la boîte. Nous avons parmi nous des mouchards de toutes nationalités, et surtout le syndicat maison, la C.F.T., ramassis de briseurs de grèves et de truqueurs d'élections. Ce syndicat jaune est l'enfant chéri de la direction : y adhérer facilite la promotion des cadres et, souvent, l'agent de secteur contraint des immigrés à prendre leur carte, en les menaçant de licenciement, ou d'être expulsés des foyers Citroën.

Mais même cela ne suffit pas à définir complètement notre peur. Elle est faite de quelque chose de plus subtil et de plus profond. Elle est intimement liée au travail lui-même.

La chaîne, le défilé des 2 CV, le minutage des gestes, tout ce monde de machines où l'on se sent menacé de perdre pied à chaque instant, de « couler », de « louper », d'être débordé, d'être rejeté. Ou blessé. Ou tué. La peur suppure de l'usine parce que l'usine, au niveau le plus élémentaire, le plus perceptible, menace en permanence les hommes qu'elle utilise. Quand il n'y a pas de chef en vue, et que nous oublions les mouchards, ce sont les voitures qui nous surveillent par leur marche rythmée, ce sont nos propres outils qui nous menacent à la moindre inattention, ce sont les engrenages de la chaîne qui nous rappellent brutalement à l'ordre. La dictature des possédants s'exerce ici d'abord par la toute-puissance des objets.

Et quand l'usine ronronne, et que les fenwicks foncent dans les allées, et que les ponts lâchent avec fracas leurs carrosseries, et que les outils hurlent en cadence, et que, toutes les quelques minutes, les chaînes crachent une nouvelle voiture que happe le couloir roulant, quand tout cela marche tout seul et que le vacarme cumulé de mille opérations répétées sans interruption se répercute en permanence dans nos têtes, nous nous souvenons que nous sommes des hommes, et combien nous sommes plus fragiles que les machines.

Frayeur du grain de sable.

J'ai pris ma carte de la C.G.T. Mais, de ce côté, c'est bien calme. La section syndicale gère le comité d'établissement (cantine, colonie de vacances, œuvres sociales) et y absorbe l'essentiel de ses forces, d'autant plus que la direction de Citroën lui livre une guerre d'usure. Batailles de chiffres, de déficits et de subventions refusées. De temps à autre, un tract dénonce le sabotage du C.E. par le patronat, ou appelle à un débrayage pour une journée intersyndicale de la métallurgie. Ces jours-là, quelques ouvriers rejoignent les vestiaires une heure avant les autres. Ils sont aussitôt remplacés et la production continue comme si de rien n'était. La C.G.T. est surtout implantée parmi les professionnels, les ouvriers français qualifiés qui ont des tâches d'entretien. C'est le vieux Jojo, mon voisin de vestiaire, qui m'a vendu ma carte : il suit les affaires du syndicat d'assez près, d'autant plus qu'il est lui-même engagé dans une procédure acharnée pour faire reconnaître ses troubles pulmonaires comme maladie professionnelle (il travaille depuis des années à l'atelier de peinture). Mais, aux yeux de la plupart des ouvriers, le syndicat fait partie des institutions de l'usine. Ils en parlent à ce titre, comme d'un éventuel recours : « Un de ces jours, pour cette histoire de prime de poste, je vais monter au délégué... » Au début du mois de janvier, je suis allé à la réunion annuelle de reprise des cartes. Il y avait quinze personnes autour d'un apéritif.

La résistance. Je la devine enfouie dans les collectivités nationales immigrées. Murmurée en kabyle, en arabe, en serbo-croate, en portugais. Dissimulée sous une feinte résignation. Elle perce, vivace et inattendue, dans la clameur que soulève le vol d'une minute de pause. Elle bourdonne dans l'excitation des vendredis, quand les hommes de la chaîne sont à bout de nerfs, que caoutchoucs et boulons volent en tous sens, et que de mystérieux accidents immobilisent fréquemment les engrenages. Ou, plus modeste, elle s'incarne dans la simplicité d'un geste d'entraide : le voisin qu'on empêche de couler en faisant une partie de son travail avant qu'il ne soit submergé ; Georges, le Yougoslave, venant à mon secours aux vitres alors qu'il ne sait rien de moi, sinon mon évident désarroi. Des attitudes, aussi. Se tenir droit. Veiller autant que possible à sa mise.

À cet égard, le vestiaire me fascine. Il fonctionne comme un sas et, tous les soirs, une métamorphose collective spectaculaire s'y produit. En un quart d'heure, dans une agitation fébrile, chacun entreprend de faire disparaître de son corps et de son allure les marques de la journée de travail. Rituel de nettoyage et de remise en état. On veut sortir propre. Mieux, élégant.

L'eau des quelques lavabos gicle en tous sens. Décrassage, savon, poudres, frottements énergiques, produits cosmétiques. Étrange alchimie où s'incorporent encore des relents de sueur, des odeurs d'huile et de ferraille. Progressivement, l'odeur des ateliers et de la fatigue s'atténue, cède la place à celle du nettoyage. Enfin, avec précaution, on déplie et on enfile la tenue civile : chemise immaculée, souvent une cravate. Oui, c'est un sas, entre l'atmosphère croupissante du despotisme de fabrique et l'air théoriquement libre de la société civile. D'un côté, l'usine : saleté, vestes usées, combinaisons trop vastes, bleus tachés, démarche traînante, humiliation d'ordres sans réplique (« Eh, toi ! »). De l'autre, la ville : complet-veston, chaussures cirées, tenue droite et l'espoir d'être appelé « Monsieur ».

De tous les immigrés, les Noirs sont les plus attentifs. Le balayeur insignifiant, flottant dans une toile grise informe, que j'ai vu, il y a dix minutes, pousser son tas de poussière de marche en marche, sort maintenant de l'usine : costume à fines rayures, chemise très blanche, cravate, chaussures étincelantes, attaché-case. Plusieurs ouvriers arrivent et repartent un atta-

ché-case à la main – qui contient en général le sandwich de la pause, parfois un journal de courses pour
préparer le tiercé. Passer, dans la rue, dans le métro,
pour un employé de bureau, un fonctionnaire, un
responsable africain en mission... En toute autre cir-
constance, je trouverais cet accoutrement dérisoire.
Ici, il me paraît faire naturellement partie de la résistance des O.S. Saisir chaque occasion de montrer que
l'on ne se laissera pas couler. Une façon comme une
autre d'afficher le respect de soi.

Plus encore que dans l'analyse politique, c'est là,
dans ces infimes manifestations de résistance perçues
chaque jour, que je trouve mes vraies raisons d'espérer. Aux pires moments d'exaspération subsiste une
certitude diffuse, presque inconsciente, d'une force
souterraine toute proche qui, un jour, jaillira.

Alors, attendre. Je me dis qu'il finira bien par se
passer quelque chose.

Et ce quelque chose se produisit enfin. Au mois de
janvier.

En deux fois. La rencontre avec Primo d'abord.
Puis une provocation de Citroën, en forme de note
de service.

J'ai fait la connaissance de Primo à l'occasion d'une
distribution de tracts. Ce matin-là, Yves, le camarade
lycéen qui faisait, en liaison avec moi, le travail extérieur sur Citroën-Choisy, distribuait un tract que nous
avions ronéoté la veille. C'était une dénonciation vio-
lente de la C.F.T., le syndicat jaune, dont les hommes
de main venaient encore de s'illustrer par un tabas-
sage de militants à la porte de Javel.

Il fait encore nuit, et la distribution se déroule en
silence. En général, les ouvriers qui entrent prennent

le tract que leur tend Yves, le plient soigneusement et le glissent dans leur poche, se réservant de le lire (ou de se le faire lire) à un moment tranquille de la journée. Certains commencent à le parcourir en marchant. Presque personne ne s'arrête. Le froid vif, l'appréhension d'aborder une nouvelle journée de travail, chacun est tendu. Seul un ouvrier de petite taille, très droit dans son manteau, a fait halte, et reste immobile auprès d'Yves, plongé dans le tract. Sa lecture terminée, il dit d'une voix forte qui résonne étrangement dans l'air glacé :

« Ma, c'est vrai, ce qu'ils disent là-dedans ! On ne va quand même pas se laisser taper dessus par ces salauds sans jamais rien faire ! »

Se tournant vers Yves, il ajoute :

« Bravo, camarade ! Vous avez raison et vous n'avez pas peur, c'est bien. Il faut continuer. »

Et il serre la main du lycéen, le bras presque tendu, dans une attitude raide et cérémonieuse comme s'il s'était agi de la signature d'un traité. Yves, qui a rougi d'émotion, secoue énergiquement cette main inattendue. Ce n'est pas un geste léger. Depuis quelque temps, les hommes de la C.F.T. provoquent réguliè-rement des bagarres lors des distributions de tracts « gauchistes », et essayent de terroriser les ouvriers qui prennent les tracts. À Javel, il y a eu déjà des blessés sérieux : un homme éborgné, d'autres aban-donnés en sang sur le trottoir. La rumeur s'en est aussitôt répandue chez nous, à Choisy, et l'atmo-sphère s'est alourdie. Manifester sa solidarité comme vient de le faire le petit homme en manteau, c'est un acte de courage. Yves le remercie, en phrases hachées. Puis entreprend de lui raconter en détail les incidents de Javel, et les provocations de la C.F.T., et comment nous espérons pouvoir riposter avec les ouvriers. L'autre écoute attentivement. Approuve de la tête. Demande des précisions. Réagit vivement quand Yves cite un nom connu (« Ah, ma je le connais, ce Tabucci, c'est une crapule, qui vient traîner ici aussi, il est toujours fourré avec Junot ! »).

Trois ou quatre ouvriers se sont arrêtés et font cercle pour entendre. Je me tenais à quelques pas, comme à chaque distribution. Je me rapproche du groupe et me joins à la discussion. Les manœuvres de la C.F.T. à Citroën-Choisy même, les immigrés que l'agent de secteur oblige à prendre leur carte du syndicat jaune, le mouchardage à l'usine et dans les foyers... L'homme approuve, donne des exemples que je ne connaissais pas. Puis, voyant l'heure : « Allez, il faut que je m'en aille, ça va fermer. Salut, les gars, et tenez bon ! »

Il entre dans l'usine, présentant comme d'habitude sa carte au gardien. Je le suis. « Ma, tu travailles aussi à l'usine ? Dans quel atelier ? Alors, on va se revoir ! » Rendez-vous pris à la cantine, à midi, pour discuter.

Maintenant, je vois souvent Primo. Il travaille à l'atelier de peinture, au-dessus de nous. Le 84. L'atelier des vapeurs nocives, des poumons attaqués, du benzolisme, des maladies du sang. Mais aussi l'atelier le plus combatif, acharné à faire reconnaître ses maladies professionnelles et à obtenir de Citroën la modernisation de ses locaux insalubres, mal ventilés, toujours menacés d'incendie.

Primo est Sicilien. Il parle très bien le français, mais avec un fort accent. Les responsabilités se sont abattues sur lui très tôt et il y a fait face en venant ici. Aîné d'une nombreuse famille paysanne, les mauvaises récoltes et le chômage du Mezzogiorno l'ont décidé à émigrer. Il envoie régulièrement des subsides à la « famiglia », donne son avis par lettres sur les événements du village et s'occupe de suivre les études de ses cadets auxquels il adresse avec le plus grand soin ses conseils ou ses instructions.

Il n'a pas trente ans mais paraît bien plus âgé, avec son front très dégagé, presque chauve, et ses joues cuites de paysan de l'extrême Sud (un crâne plus pâle à l'emplacement du chapeau faisant curieusement contraste avec un visage couleur de brique). Seul son sourire, qui a quelque chose d'enfantin, dément le mûrissement prématuré de ses traits. Il marche très droit, toujours vêtu de sombre, sans recherche mais sans laisser-aller, et j'imagine qu'à le voir dans la rue on hésite à le caractériser : quelque chose qui se situerait entre l'agriculteur endimanché et le notaire de province.

Les vêtements gris ou noirs qu'il porte à l'extérieur de l'usine semblent à un tel point faire partie de lui que j'ai toujours un instant de surprise quand je le vois arriver dans la bousculade de la cantine en tenue de pistoletteur. Tenue spectaculaire, il est vrai : une combinaison verte bouffante, des bottes en caoutchouc, des taches de couleur partout, jusque sur le visage. Les camarades de la peinture ressemblent à des scaphandriers, avec leur air d'émerger d'on ne sait quel bain putride, encore tout imprégnés d'odeurs chimiques qui vous prennent à la gorge.

Ces conversations de cantine avec Primo deviennent un rendez-vous régulier. Exact et concis, il fait toujours de ces vingt minutes un usage aussi complet que possible. Tout l'intéresse. Je lui passe des journaux, des livres, je lui communique ce que je peux savoir sur Citroën, sur les autres usines, sur la situation en France. En ce moment courent des rumeurs sur une possible fusion Citroën-Fiat, comment cela se ferait-il ? Agnelli réorganiserait-il Citroën selon les méthodes italiennes ? Peut-être pourrons-nous lier nos luttes à celles, très intenses en ce moment, de Turin ? Les syndicats. Les mutations. La sécurité. Primo a lui-même une connaissance précise du système d'exploitation de la boîte, de ses points faibles, de l'état d'esprit des ouvriers. Jamais il ne dit « Nous, les métallos », parce qu'il parle sans emphase, mais quelque chose dans sa façon d'être l'exprime en permanence. Quoiqu'il n'ait jamais été ouvrier en Italie, il reste lié à ses camarades de l'industrie automobile italienne, souvent comme lui venus du Sud. Les grèves de guérilla du Piémont – cadences brisées et début de contrôle de la production par les ouvriers – le passionnent. Quand il explique, quand il questionne, j'ai le sentiment aigu de la réalité de ce prolétariat international auquel Primo n'oublie jamais qu'il appartient. Métallos de Citroën, de Fiat, de Berliet, de Peugeot, de Chrysler, de Renault, de Ford : les millions d'hommes à la chaîne de la production automobile, livrés à des engrenages semblables, unis par-delà les frontières dans la répétition de gestes identiques et dans une résistance aux formes multiples.

Mais Primo ne s'empêtre pas d'abstractions. Le sort a fait de lui un ouvrier de Citroën, et c'est ici que ça se passe. Aucun détail de l'oppression quotidienne ne le laisse indifférent. Syndiqué de base, il n'a d'autre responsabilité que l'idée qu'il se fait de la dignité d'ouvrier. Cela suffit à le maintenir constamment en alerte. Il est prompt à « monter au délégué » pour l'alerter sur le cas d'un camarade en difficulté.

Et, très régulièrement, il me donne des informations précises sur son atelier, pour compléter nos tracts :

« En peinture, la ventilation ne marche toujours pas. Hier, encore un ouvrier victime d'un malaise. Exigeons de la direction les mesures élémentaires d'hygiène... » Signé : « Des camarades du 84. »

Vers le milieu du mois de janvier, une brève note de service de la direction, affichée dans tous les ateliers, nous avertit que, dans un mois, à la mi-février, la « récupération » reprendra.

« Récupération. » Mot amer, venu comme un retour de bâton à la rentrée 1968. Pendant les grèves de mai-juin, les ouvriers avaient obtenu quelques avances d'argent modiques d'une direction effrayée. Tout le monde l'avait pris comme un paiement des jours de grève, imposé au patronat par le rapport des forces. Mais Citroën ne l'entendait pas ainsi. Une fois l'ordre rétabli, la direction annonce qu'elle se remboursera en travail supplémentaire non payé : l'horaire est prolongé de quarante-cinq minutes, dont une moitié est payée au tarif normal, et l'autre moitié tout simplement gratuite. Ce régime a été imposé du début septembre à la mi-novembre, puis suspendu par la direction (moins de commandes ?). L'horaire quotidien est revenu à neuf heures et quart. On pense que la soi-disant dette de mai 68 (comme si les ouvriers pouvaient avoir des « dettes » vis-à-vis du patronat !) est éteinte.

Illusion.

Devant le petit texte imprimé de la note, un attroupement se forme, à la pause. Murmures. Certains se font traduire. De l'étonnement, du désarroi. « Encore ! », disent les visages et les gestes.

« À compter du lundi 17 février 1969, l'horaire de travail sera porté à dix heures, la fin de la journée étant fixée à 17 h 45. L'embauche reste fixée à 7 h et la durée du repas de midi à 45 minutes. La moitié des 45 minutes de travail supplémentaire par jour sera retenue à titre de remboursement des avances consenties au personnel aux mois de mai et juin 1968. »

On lit et relit, comme s'il y avait une clause secrète. Ce n'est pourtant pas difficile à comprendre. Ils ont décidé que nous travaillerions à nouveau dix heures par jour, parce que ça les arrange, et que là-dessus nous fournirions vingt minutes de travail officiellement gratuit : toujours ça de pris en plus du reste !

Et si ça ne vous plaît pas : la porte.

Primo, ulcéré, avait aussitôt couru voir le délégué auquel il faisait le plus confiance, Klatzman, pour lui demander comment la C.G.T. avait l'intention de réagir. Klatzman est un prêtre ouvrier, discret et dévoué, mais submergé. Il conçoit plus sa tâche comme une série d'interventions au coup par coup pour essayer de régler les cas les plus scandaleux que comme un travail d'agitation. Sa façon de parler lentement, en hésitant sur le choix des mots, lui donne un air timoré, ce qu'il n'est pas. Face à la direction de l'usine, il ne manque pas de fermeté. Klatzman est honnête, je n'en doute pas, mais je le trouve trop respectueux de la hiérarchie syndicale pour prendre des initiatives vigoureuses. Je préfère d'autres prêtres ouvriers du treizième arrondissement, militants de base dans leurs usines, admirateurs ardents de Che Guevara, assoiffés de justice et d'action, chez qui je viens parfois reprendre courage et conseils.

Klatzman avait promis à Primo de poser la question de la récupération à la prochaine réunion de bureau de la C.G.T. La réponse vint au bout de deux jours. Klatzman, assez embarrassé, dut expliquer à Primo qu'après consultation des organismes C.G.T. des autres usines Citroën (la « récupération » devait les toucher aussi à partir du 17 février) il était apparu que le rapport de forces ne permettait pas d'engager une action. Déjà, les syndicats avaient appelé au refus de la récupération à l'automne 1968, et cela s'était soldé par un échec : quelques militants avaient débrayé, sans être suivis. On ne pouvait se permettre de rééditer de telles opérations, qui décourageaient les syndiqués de base. De plus, la situation était difficile au comité d'entreprise : la C.F.T., appuyée par les moyens de chantage et de pression de la direction, se faisait de plus en plus menaçante et la moindre faute de manœuvre de la C.G.T. risquait de compromettre les futures élections au C.E. Bref, le syndicat ne ferait rien. Primo rétorqua que l'appel de l'automne 68 avait pour le moins manqué de conviction, qu'à chaque « journée nationale d'action de la métallurgie » le syndicat ne se privait pas d'appeler les ouvriers à un débrayage dont il savait fort bien qu'il ne serait pas suivi par plus de trente personnes. Que cette fois l'enjeu était bien plus sérieux. Que c'est en laissant faire la direction sans réagir qu'on encouragerait la C.F.T., etc. Klatzman lui signifia d'un geste d'impuissance que la décision ne venait pas de lui et que, quel que fût son avis personnel, il n'y pouvait rien changer.

La cantine. Primo me fait le récit de cet entretien. Il n'a pas l'habitude de perdre son sang-froid, mais, cette fois, ses gestes vifs font trembler la table. « Ma c'est pas possible ! On ne peut pas se laisser faire ! » Oui, bien sûr, il faut faire quelque chose. Le temps nous presse. Des ouvriers attendent debout, avec leur plateau. Nous cédons nos places. À ce soir, à la sortie.

Tout l'après-midi, je rumine des plans, inattentif à mes gestes machinaux. « Ça ne va pas ? », demande Simon entre deux courses, surpris de me voir aussi préoccupé. Je lui dis que je suis furieux de devoir bientôt travailler à nouveau dix heures par jour. Lui aussi. Et, ajoute-t-il, tout le monde est mécontent, il a déjà entendu plusieurs conversations là-dessus.

Je retrouve Primo au bistrot. Nous nous tassons dans un coin pour parler tranquillement.

De cette discussion naît le projet de nous organiser indépendamment du syndicat, de rassembler tous ceux qui s'opposent à la récupération pour faire grève le jour venu. Je me chargerai, avec l'aide des camarades de l'extérieur, dont Yves que Primo connaît déjà, de tirer et de diffuser les tracts que nous rédigerons ensemble.

J'explique à Primo ma situation personnelle, le fait que je me suis « établi » pour contribuer à la lutte des ouvriers à l'intérieur de l'usine. Il n'est pas surpris. Il a déjà entendu parler de l'« établissement », et il trouve que c'est une bonne chose. Cela peut aider à élargir l'horizon des ouvriers, et ramener sur terre les intellectuels des groupes révolutionnaires trop portés à l'abstraction. Chacun y gagnera. Et l'élan de la jeunesse vers la classe ouvrière ne le laisse pas indifférent : les étudiants ont changé, il se trouve maintenant des héritiers de la bourgeoisie pour rejeter leurs privilèges et choisir l'autre camp. Primo voit ces choses nouvelles avec espoir. Mais ce qui compte, bien sûr, c'est ce qu'on arrivera à faire concrètement.

Nous faisons un compte rapide de tous ceux que nous pourrons contacter. Primo pense pouvoir compter sur cinq ou six camarades de l'atelier de peinture, et sur quelques autres disséminés dans l'usine. Pour ma part, je parlerai à Christian, à Simon, aux Yougoslaves, à des camarades de chez Gravier. Reste à fixer une date de réunion. Nous choisissons le vendredi, parce que, ce jour-là, le travail se termine plus tôt et que, dans le soulagement de la fin de semaine, il sera plus facile d'obtenir de chacun le temps nécessaire. Nous nous réunirons au Café des Sports, un grand café moderne qui fait scintiller ses néons de l'autre côté des boulevards extérieurs, et dont le patron prête volontiers son sous-sol à des groupes, pourvu que l'on consomme.

Préparer la réunion. Je m'y mets aussitôt, profitant des pauses, de la cantine, des vestiaires, prenant en deux mots rendez-vous dans la bousculade des flots entrants et sortants autour des horloges pointeuses. Au café, souvent.

Par la même occasion, j'entreprends d'expliquer mon « établissement » à tous ceux que je pense connaître suffisamment. Si nous devons agir ensemble, le dissimuler serait malhonnête.

L'« établissement », j'en avais déjà parlé à Sadok, presque par hasard, parce que c'était venu dans une conversation, à l'usine. Je lui avais dit que je n'étais pas vraiment ouvrier, que j'avais fini des études pour être professeur. Il m'avait écouté avec un scepticisme indulgent, doutant visiblement que l'on pût choisir une vie semblable sans y être contraint. Un peu la réaction du détenu auquel le nouveau, à peine arrivé dans la cellule, proclame : « Moi, c'est un cas à part, je suis innocent ! » Cause toujours, mon bonhomme, pense l'ancien, on connaît la chanson. Puis quand, chassé par son propriétaire, il était venu habiter chez moi quelques jours, l'entassement des livres et des papiers l'avait convaincu.

« Alors, tu pourrais vraiment être professeur ou travailler dans un bureau ?

– Oui. »

Il n'avait plus rien répondu, mais ses yeux disaient : « Tu es fou. »

Cette réaction extrême de Sadok est restée isolée. La plupart des autres ne sont guère frappés par la chose. Les Yougoslaves enregistrent sans faire le moindre commentaire. Simon me dit : « Ah bon. Vous êtes beaucoup comme ça ? » Son visage mobile prend une expression alléchée, comme s'il allait en apprendre de belles. Mais à peine ai-je répondu que, déjà, il me parle d'autre chose. Quant à Christian, il me pose des questions sur la situation dans les facultés et sur les rapports entre les groupes révolutionnaires. Et puis, très vite, cela passe dans le tableau général des caractéristiques individuelles auxquelles, par habitude, on ne prend plus garde. Plus personne ne m'en parle.

À l'extérieur, l'« établissement » paraît spectaculaire, les journaux en font toute une légende. Vu de l'usine, ce n'est finalement pas grand-chose. Chacun de ceux qui travaillent ici a une histoire individuelle complexe, souvent plus passionnante et plus tourmentée que celle de l'étudiant qui s'est provisoirement fait ouvrier. Les bourgeois s'imaginent toujours avoir le monopole des itinéraires personnels. Quelle farce ! Ils ont le monopole de la parole publique, c'est tout. Ils s'étalent. Les autres vivent leur histoire avec intensité, mais en silence. Personne ne naît O.S. ; on le devient. D'ailleurs, ici, à l'usine, il est très rare qu'on désigne quelqu'un comme « l'ouvrier qui... ». Non. On dit : « La personne qui travaille à la soudure », « La personne qui travaille aux pare-chocs ». La personne. Je ne suis ni l'« ouvrier » ni l'« établi ». Je suis « la personne qui travaille aux balancelles ». Et ma particularité d'« établi » prend sa place anodine dans l'enchevêtrement des destins et des cas d'espèce.

La seule vraie différence avec mes camarades d'usine – parmi lesquels se trouvent bon nombre d'ouvriers improvisés venus des campagnes ou d'autres pays –, c'est que moi, je pourrai toujours reprendre mon statut d'intellectuel. Je vis ma peine comme eux, mais je reste libre d'en fixer le temps. Je ressens très vivement cette différence, comme une responsabilité particulière. Je ne puis l'effacer. Quelle que soit la répression, elle ne m'atteindra jamais aussi durement qu'eux.

Je me fais la promesse de rester dans l'usine aussi longtemps que l'on ne m'en chassera pas, quelle que soit l'issue de notre lutte, quelle que soit la répression. En aucun cas, je ne prendrai mon compte.

Vendredi, quatre heures et demie. Nous sommes une vingtaine réunis dans le sous-sol du Café des Sports.

Comme prévu, Primo a amené quelques camarades de la peinture. Je reverrai souvent l'un d'eux par la suite : Mohamed. Berger en Kabylie, il s'est épris de poésie, et s'est mis à étudier en autodidacte. Il est venu en France dans l'espoir de faire des études littéraires. Sans famille, sans bourse, sans appuis, il n'avait aucune chance. Il s'est retrouvé O.S. chez Citroën. Il conserve dans sa façon de parler, douce et étrangement recherchée, le souvenir de ses projets littéraires. Il est très jeune, d'allure timide. Primo me l'a présenté comme l'un des plus actifs de l'atelier de peinture.

Georges et cinq autres Yougoslaves sont là. Simon aussi.

Sadok est arrivé en retard. Je pense qu'il voulait s'assurer qu'il y aurait du monde à la réunion avant d'y participer lui-même. Il a jeté d'en haut un coup d'œil furtif, m'a adressé un sourire qui tenait du salut et de l'excuse, et est descendu s'asseoir, en retrait.

Mouloud n'est pas là. Quand je suis allé le prévenir, il m'a dit qu'il ne viendrait pas, mais qu'il était d'accord avec nous, et que, s'il y avait une grève contre la récupération, il en serait.

Plusieurs des ouvriers présents me sont inconnus : des Espagnols, des Noirs – du Mali et du Sénégal.

Christian est venu avec un camarade français, Jean-Louis, un jeune Méridional blond qui porte le bouc. Ils sont très liés et très dissemblables. Alors que Christian, pelote de nerfs, est constamment au bord de l'affrontement violent avec le système Citroën, Jean-Louis mène sa barque avec ménagement. Un pied dans le syndicat C.G.T., qui compte le présenter aux élections de délégués du personnel ; un pied dans la filière de promotion interne de Citroën, où il prend des cours du soir dans l'espoir de passer professionnel. Il est logé dans un foyer Citroën dur, dont le gérant est un ancien militaire de carrière. Il s'efforce de naviguer entre toutes ces embûches et évite de se mettre en avant. Il est venu plus par amitié pour Christian et par curiosité que pour s'opposer à la « récupération ». Il ne parle guère pendant la réunion, sinon pour dire qu'il serait bon d'avertir la section C.G.T. de notre action. Ce dont tout le monde convient.

La réunion est brève.

Primo et moi en présentons le but : organiser le refus de la récupération par la grève, se préparer à débrayer tous les jours à cinq heures du soir à partir du 17 février.

La première chose à faire est de contacter le plus de monde possible. Il faut donc rédiger un tract. Qu'en pensent les camarades ?

Georges parle le premier. Il se déclare d'accord, mais sceptique sur l'issue. Sans perdre de temps en considérations générales, il entreprend de décrire la situation telle que nous pouvons raisonnablement la prévoir. Lui-même pense pouvoir regrouper un nombre assez important de Yougoslaves. De toute façon, Stepan, Pavel et lui arrêteront à cinq heures le 17 février, et ils sont sûrs d'entraîner avec eux deux Portugais du carrousel : ils arrêteront donc la production des portières. Bon. Mais il y a des stocks de réserve pour bien plus de trois quarts d'heure. Cela ne bloquera donc pas l'atelier 85. Simon et moi arrêterons les balancelles. Mais n'importe quel chef ou régleur nous remplacera aussitôt, et rétablira immédiatement la diffusion des pièces détachées sur la grande chaîne. La sellerie n'est pas plus déterminante. Bien sûr, Christian cessera de faire ses sièges, mais cela n'aura pas d'effet immédiat vu le stock de réserve, même si l'Algérien et le Noir qui travaillent à côté de lui arrêtent aussi (pour la femme, cela paraît peu probable). Conclusion : tout cela est insuffisant. L'essentiel, au 85, c'est la grande chaîne de montage. Si elle s'arrête, c'est gagné. Sinon, tous les autres débrayages ne bloqueront pas la production. Or, dans cette réunion, qui y a-t-il de la grande chaîne ? Personne. D'ici à la prochaine réunion, il faut absolument se donner comme objectif de contacter des gens de la grande chaîne, sans quoi nos pointages resteront en l'air. En attendant, Georges est curieux de savoir sur qui exactement on peut compter dans les autres ateliers. Pas seulement en chiffres globaux, mais du point de vue de la capacité à bloquer la production. Parce que, si c'est partout comme au 85...

Sur quoi il écrase son mégot de cigarette blonde et se tait.

Silence.

Son petit discours a fait l'effet d'une douche froide.

Une vingtaine sur douze cents, mettons quarante en comptant ceux que nous sommes déjà sûrs d'entraîner, bien sûr que c'est peu. Nous le savions vaguement, Georges vient de nous en faire prendre conscience physiquement. L'usine, c'est un monstre à arrêter. Et si elle continuait tranquillement son chemin, indifférente à notre agitation ? Georges a raison. Une vraie grève, c'est bloquer la production, leur faire perdre des 2 CV. Si nous y parvenons, nous frapperons vraiment la direction, cela aura un sens aux yeux de tous. Sinon, nous serons écrasés, ce sera le découragement, le système Citroën en sortira renforcé.

Le tour des ateliers. Il est vite fait. Personne des presses. En peinture, Primo pense qu'on peut tout arrêter, à condition de se mettre d'accord avec les quelques professionnels militants de la C.G.T. À l'atelier de soudure de Gravier ? Sadok fait la moue. Un Tunisien au visage grêlé, soudeur au 86, paraît aussi dubitatif. Gravier est redouté ; l'atelier, petit, est constamment surveillé. Les caristes ? Personne. Les

pontonniers ? Personne. Les « entraîneurs », qui éva-
cuent et parquent les voitures terminées ? Personne.
Ce sont des postes clefs, par lesquels on peut espérer
bloquer les mouvements intérieurs. Nous n'y avons
pas de prise pour le moment.

Bref, tout reste à faire.

Cette grève, il faudra la construire. Patiemment.
Poste par poste. Homme par homme. Atelier par atelier. C'est la première fois que je vois la question sous
cet angle. La guerre des classes au ras de la tranchée.
Niveau lampiste.

Christian intervient alors. Et si un groupe décidé
allait couper le courant en début de grande chaîne à
cinq heures pile, quitte à se défendre contre les chefs
qui essayeront de le rétablir ?

Georges balaye la proposition d'un geste. Et alors ?
Ça fera six ou sept personnes licenciées sur-le-champ
pour bagarre à l'intérieur de l'usine, et on n'est même
pas sûr d'arrêter la production plus de cinq minutes.
De toute façon, si les gens veulent récupérer, tu ne
peux pas les en empêcher. C'est eux que ça regarde.
Non, il faut se mettre d'accord avec suffisamment de
personnes pour que ça bloque l'usine, c'est tout.

Il n'y a pas de réplique. Il faut s'y mettre.

Primo : « Bon, il nous reste un mois. Sur la grande
chaîne de montage du 85, il y a des Algériens, des
Marocains, des Tunisiens, des Yougoslaves, des Espagnols, des Portugais, des Maliens, des camarades
d'autres pays encore. Faisons un bon tract pour leur
expliquer ce que nous voulons faire. Et faisons des
traductions dans toutes les langues de la chaîne, pour
que tous ceux qui savent lire comprennent et puissent
dire aux autres ce qu'il y a dedans. Après, on ira les
voir un à un pour en discuter. »

Cette idée de tracts en plusieurs langues plaît à tout le monde. Elle n'a pas seulement une fonction utilitaire. C'est une marque de respect vis-à-vis de chacune des cultures représentées dans l'usine. C'est une façon de demander aux différentes communautés immigrées de prendre les choses en main.

Maintenant, rédiger le texte. Pourquoi nous refusons la récupération. Les explications fusent. On peut parler de la fatigue des journées de dix heures. Ceux qui ont une heure de transport aller et une heure retour n'ont plus aucune vie en dehors de l'usine. La fatigue multiplie les accidents. Chaque changement d'horaire est l'occasion d'intensifier les cadences. Pourquoi ne pas en profiter pour rappeler les revendications particulières ? La qualification des peintres, des soudeurs. Parler aussi des locaux insalubres. Et le racisme des chefs ? Et la rémunération des heures supplémentaires ? Holà ! ce n'est plus un tract qu'on va rédiger, c'est un roman...

Primo, encore : « Ma ce n'est pas la peine de raconter toutes ces histoires. Si le patron veut nous faire travailler à nouveau dix heures avec vingt minutes gratuites, c'est pour nous humilier. Ils veulent montrer que les grandes grèves, c'est bien fini, et que Citroën fait ce qu'il veut. C'est une attaque contre notre dignité. Qu'est-ce qu'on est ? Des chiens ? "Fais ci, fais ça, et ferme ta gueule !" Ça ne marche pas ! Nous allons leur montrer qu'ils ne peuvent pas nous traiter comme ça. C'est une question d'honneur. Ça, tout le monde peut le comprendre, non ? Il n'y a qu'à dire ça, ça suffit ! »

Le contenu du tract est trouvé. Je rédige brièvement, sur le coin de la table, ce que Primo vient de dire d'un trait. Lecture. On change deux ou trois mots, version finale : tout le monde approuve. Le tract sera traduit en arabe, en espagnol, en portugais, en yougoslave. J'ai l'idée, fugitive, que ces mots sonnent très fort dans toutes les langues : « insulte », « fierté », « honneur »...

Nous tirerons la version française à un millier d'exemplaires, pour la distribuer à la grande porte. Nous tirerons les traductions à une centaine d'exemplaires dans chaque langue : ces tracts-là, nous les afficherons partout dans l'usine, dans les vestiaires et les ateliers, et nous les ferons circuler de la main à la main.

Il faut une signature. Nous décidons de mettre : « Le Comité de base de Citroën-Choisy ».

On se réunira à nouveau vendredi prochain, plus nombreux si possible, pour faire le point.

C'est fini. Nous remontons. Le Café des Sports bourdonne de l'excitation des vendredis soirs. Fumée. Éclats de voix, cris et rires. Des groupes s'affairent, préparent le tiercé. On échange des saluts.

La rue. Il fait très froid. La neige tombe mouillée sur le trottoir glissant. La nuit a déjà enveloppé les boulevards, où filent les voitures du week-end. De l'autre côté, l'usine n'est plus qu'une masse sombre. Inerte jusqu'à lundi. Les camarades se pressent vers le métro, le col du manteau ou de la veste remonté.

Je reste immobile un instant. Brusquement vidé. Par la semaine, par la réunion. Je pense : Ça y est. Est-ce que ça va tenir ? Une palpitation naissante, un frémissement. La lutte qui commence ici, maintenant. Cette collectivité qui se forme. Tant d'espoirs... Ça soûle.

« Et alors, ces spaghetti, on va les faire, oui ? »

Primo me tire par le coude, souriant. C'est vrai, nous avions décidé d'aller dîner ensemble chez moi ce soir.

Allons-y.

Nous construisons notre grève.

Je découvre que les balancelles sont un poste stratégique. D'ici partent les éléments de carrosserie que Simon répartira le long de la grande chaîne. Désormais, les tracts prendront le même chemin. Simon, ravi, les enfouit sous sa veste avec des gestes de conspirateur. Cette besogne souterraine lui convient tout à fait. Il a emporté des capots, il ramène le chariot vide : les Espagnols ont leurs tracts. Un voyage de portières : les tracts en arabe au Marocain des feux avant. Il me chuchote les détails, décrit brièvement les réactions. Au casse-croûte, nous nous mettons à l'écart pour faire les comptes.

Les tracts ont fait une forte impression. C'est notre dignité qu'on veut briser par ce travail supplémentaire gratuit, répètent-ils chaque jour dans toutes les langues ; c'est plus important que la fatigue, la paye, et tout le reste ; ça n'a pas de prix !

Le Noir des sièges l'a lu en arabe, lentement, puis il est venu me serrer la main. Il s'arrêtera à cinq heures, c'est promis.

Nous affichons partout. Les chiottes sont un endroit de choix : on peut lire tranquille, à l'abri des regards.

Ça commence à mordre un peu sur la grande chaîne. Ici ou là, une promesse d'arrêter à cinq heures. Cela suffira-t-il ?

À la deuxième réunion du comité de base, nous sommes une trentaine. On pointe, on compte, on confronte les réactions, on fait le tour des raisons avancées par les hésitants, on prépare des réponses. On dresse une liste de postes difficiles à tenir et importants pour la production, ceux que Citroën aura du mal à remettre en route en deux minutes en cas d'arrêt.

Je garde de cette période le souvenir d'un fonctionnement naturel, presque paisible. Et je crois qu'il en fut de même pour la plupart des camarades. Les occupations ordinaires de la lutte nous délivraient en partie de l'angoisse et de l'amertume. Tout prenait un sens. Pour une fois, les blessures et les humiliations de la vie quotidienne ne se perdaient plus dans le puits sans fond de notre rage impuissante. Les chefs pouvaient insulter, « bourrer », voler, mentir. Nous leur avions ouvert un compte secret et, chaque fois qu'ils l'alourdissaient d'une nouvelle injustice, nous pensions : rendez-vous le 17 février.

Nous avions enfin un horizon commun, nous prîmes l'habitude de l'élargir. Le matin, à la pause de huit heures et quart, nous nous installions sur la troisième marche de l'escalier de fer qui monte de notre atelier à l'atelier de peinture. Là, au milieu des taches de graisse et des sandwichs déballés, nous tenions de petits meetings politiques, à six ou sept. Je me souviens avec précision d'une de ces conversations, et d'une réplique de Georges. Simon était en train de s'exalter à évoquer la révolution à venir : « Il faudra tout de suite attaquer les casernes, pour prendre des armes... » Georges l'interrompit, légèrement narquois : « Dans ces cas-là, ce ne sont pas les armes qui manquent, c'est le courage de s'en servir. Les armes, on en trouve toujours... » Simon fit une curieuse mimique d'écolier pris en faute, et se tut.

Entre la diffusion des tracts, nos petits meetings d'ateliers, les réunions du comité de base, le pointage fiévreux de notre progression, ce mois de propagande fut, tout compte fait, un mois de bonheur.

LA GRÈVE

Lundi 17 février, cinq heures moins cinq.

Est-ce que ça va marcher ? Je suis en sueur, et ce n'est pas la fatigue du travail. Respiration difficile, battements sourds dans la poitrine : l'angoisse.

À cet instant précis, l'idée de la défaite m'est insupportable. Les raisons se bousculent dans ma tête. Les demi-sourds des presses, les gazés de la peinture, les mouchards de la C.F.T., les fouilles des gardiens, les chantages de Junot, les minutes de pause volées, le médecin du travail acheté... Les frapper dans leur assurance et leur insolence de gavés, les Gravier, les Junot, les Dupré, les Huguet et autres Bineau, et tous ceux du dessus que nous ne voyons même pas !

Cinq heures moins deux.

Pour l'honneur, a dit Primo. Pour la dignité, avons-nous mis sur les tracts. Au fond, toutes les grèves se ramènent à ça. Montrer qu'ils n'ont pas réussi à nous briser. Que nous restons des hommes libres.

Il faut que ça marche, que l'usine s'arrête. Je scrute les visages. Comment savoir ? Avons-nous assez expliqué l'enjeu ? Peut-être aurions-nous dû faire des distributions à la porte des foyers ? Ou peut-être une réunion spéciale des caristes ? Oui, mais par qui les contacter ? Le gros Marcel ? Peu bavard. Est-ce que les Maliens vont s'arrêter, comme, paraît-il, ils l'ont annoncé ?

Pourvu que les chefs ne fassent pas immédiatement de l'intimidation ! Je regarde autour de moi. Pas de blouse bleue. Pas de blouse blanche. Ils nous font le coup du mépris : vos tracts, on s'en fout ; l'usine ne s'arrêtera pas, parce qu'on la tient bien en main ; vous débrayerez à vingt ou trente, nous vous remplacerons, et les 2 CV sortiront normalement. Oui, le coup du mépris. Mais je suis sûr qu'ils sont aux aguets dans leurs cages vitrées, prêts à accourir si ça se gâte.

Georges me fait un signe. Plus que trente secondes. Le vacarme de l'atelier marche à fond. Stridences, hurlements, vrilles, vis, vilebrequins, marteaux, limes, ponceuses, perceuses, fenwicks...

Plus que quelques instants.

Ça y est. Cinq heures.

J'arrête les balancelles et j'enlève mes gants. Lentement, ostensiblement, pour faire voir autour de moi que je débraye. Simon s'est immobilisé aussi. Le vacarme ? Il me semble bien que ça diminue. Un coup d'œil au carrousel des portières : il est arrêté. Georges pose ses outils. Stepan et Pavel remballent. J'écoute de toutes mes forces la grande chaîne. Oui, elle fait de moins en moins de bruit. De place en place, je vois des hommes qui la quittent.

Encore quelques coups de vrilles, de marteaux, isolés.

Et le silence.

Ah, ce silence, comme il résonne dans nos têtes ! Il est cinq heures et une minute. L'atelier de la grande chaîne est arrêté.

Mais tout n'est pas joué. Il faut faire vite. Quelques dizaines d'ouvriers ont quitté leur poste. Les trous ont arrêté la chaîne. Mais beaucoup d'autres sont restés sur place, incertains. Ils ne travaillent plus, mais ils attendent. Déjà, chefs, régleurs, contremaîtres sortent de partout, s'affairent. Régleurs et chefs d'équipe vont remplacer les manquants et essayer de faire repartir les machines. C'est maintenant qu'il faut donner au débrayage un tour plus massif, avant qu'ils y parviennent. Georges et les Yougoslaves l'ont compris. Christian aussi, qui rapplique à toute vitesse. Et nous voici formés en petit cortège d'une cinquantaine d'ouvriers, fonçant vers la grande chaîne, de poste en poste, pour convaincre les camarades de débrayer pour de bon, de regagner les vestiaires.

« Allez, arrête, viens avec nous. Tu vois bien que c'est bloqué partout. Et puis, à partir de maintenant, tu travailles gratuitement pour le patron. Ne laisse pas tomber les camarades qui débrayent ! »

Ça commence à dégager sérieusement sur les chaînes. Certains regagnent les vestiaires, d'autres viennent gonfler notre cortège. Il se fait tout un brouhaha. Il y a bien trois minutes que tout est arrêté, et ils n'ont toujours pas réussi à faire reprendre.

« Il faut aller au transfert, essayer de faire débrayer Théodoros », dit Georges.

C'est un poste clef, difficile : la fixation du moteur sur le châssis. L'ouvrier qui le tient, Théodoros, est Yougoslave. S'il arrête, les deux composantes de la grande chaîne sont bloquées. Nous y courons. Nous voici autour de lui. Tout le monde parle à la fois. Georges reprend en yougoslave, calmement, s'efforce de le convaincre. Il a peur. C'est ce qu'il nous répond, et ça se voit. Il a encore ses outils à la main, le long câble avec l'interrupteur qui manœuvre la machine-transfert, les clefs pour la fixation. Il reste comme pétrifié, parlant difficilement. Ses yeux courent d'un point à l'autre de l'atelier. Nous ne sommes là que depuis quelques instants quand surgissent les chefs. Ils ont couru à notre suite pour essayer de rattraper l'effet de la manifestation et enrayer le débrayage. Ils se fraient maintenant un chemin vers Théodoros. Il y a là Huguet, qui fronce les sourcils et se dresse de toute sa petite taille, Dupré, qui marmonne quelque chose d'indistinct où l'on reconnaît seulement « ... ce cirque », et surtout Junot, l'agent de secteur, rouge, gonflé de colère, presque apoplectique, qui aboie : « Laissez travailler les gens ! C'est une entrave à la liberté du travail ! Je relève les noms ! Je relève les noms ! Vous n'avez pas le droit ! » Il est maintenant tout près de Théodoros. Il essaye de nous repousser, d'écarter Georges. Nous sommes décidés à ne pas nous battre. Nous savons bien que c'est ce qu'il cherche : un coup, une empoignade, et ce sera le licenciement immédiat. Mais nous restons là, nous faisons masse, pendant qu'il tempête et postillonne, avec sa « liberté du travail » à la bouche.

À l'instant où j'écris, je conserve en moi cette image : un porc en cravate, venu de son fauteuil hurler le droit à la « liberté du travail » à un ouvrier fatigué et angoissé, que Citroën a décidé de river à la chaîne trois quarts d'heure de plus.

L'ouvrier hésite, regarde l'agent de secteur, nous regarde. Il paraît dépassé par les événements. Quelque chose comme du désespoir passe un instant dans ses yeux. Et puis, tout à coup, Théodoros lâche ses outils et se met à hurler : « Laissez-moi ! Laissez-moi ! » Une espèce de crise de nerfs. Il est très grand, agité de tremblements. Junot, effrayé, fait un bond en arrière. Un petit coup pour avoir un motif de licenciement, ce serait bien, mais prendre une vraie raclée, Junot n'en a pas envie du tout !

Le cri sauvage de Théodoros a fini de désorganiser la chaîne. Les ouvriers accourent de toutes parts. Notre petite troupe est soudain en crue, l'atelier arrêté pour de bon. Maintenant, une trentaine de camarades de la peinture débouchent de l'escalier. C'est une vraie manifestation de quelque deux cents ouvriers qui parcourt l'usine immobilisée. Les machines se sont tues : on n'entend plus que nos cris.

Sortie tumultueuse. Yves et des camarades de l'extérieur attendent, impatients. Effusions. Ça a marché. Toute l'usine arrêtée. À tout à l'heure pour les tracts.

Réunion fiévreuse au Café des Sports. On fait et on refait les comptes dans le brouhaha du sous-sol. Le 84. Le 85. Le 86. Tous les ateliers se sont arrêtés. Il y a plus de quatre cents grévistes. Pas une voiture n'est sortie après cinq heures. Maintenant, il faut tenir. Nous rédigeons un tract : le nombre des grévistes, un appel. À nouveau les traductions. La ronéo. Tout est prêt tard dans la nuit.

Je ne trouve pas le sommeil.

De brefs assoupissements déchirés de visions.

Les bidonvilles déferlent sur Neuilly.

Une grande liesse de prolétaires sur les Champs-Élysées.

Notre monde enfoui jaillit et se déverse sur l'autre. Comme un continent perdu brusquement mis à jour, et le raz de marée que provoque son émersion. La vieille société, tétanisée, voit, incrédule, se répandre une joie inédite, incompréhensible.

Nous briserons les murs de l'usine pour y faire pénétrer la lumière et le monde.

Nous organiserons notre travail, nous produirons d'autres objets, nous serons tous savants et soudeurs, écrivains et laboureurs. Nous inventerons des langues nouvelles. Nous dissiperons l'abrutissement et la routine. Sadok et Simon n'auront plus peur. Une aube jamais vue.

Blafarde et froide, l'aube de février, la vraie, coupe le rêve. Il faut y retourner. Une seule pensée, dans mes mouvements pâteux : ce soir, cinq heures.

Mardi 18 février.

L'usine est conçue pour produire des objets et broyer des hommes. Ce mardi matin, dès la première heure, la machine antigrève de Citroën s'est mise en marche. Hier, les chefs nous ont fait le coup du mépris. Aujourd'hui, changement de tactique : ils font de la présence. Et quelle présence ! L'usine entière résonne de leurs coups de gueule, de leur va-et-vient, de leurs interventions tatillonnes. Il en sort de partout. Il y en avait donc tant, terrés dans leurs tanières vitrées ! Blouses bleues, blouses blanches, blouses grises, jusqu'aux complets-veston, accourus sous des prétextes divers. Tout leur est motif à harceler les ouvriers : cette soudure, ça ne va pas ! cette peinture, ça ne va pas ! ce raccord, ça ne va pas ! cette retouche, ça ne va pas !

Rien ne va plus.

Ce qui ne va pas, nous le savons : c'est la grève d'hier. Mais, pour le moment, ils n'en parlent pas. Ils nous harcèlent dans notre travail, et ils restent là pour nous intimider. Bien en vue, ils surveillent. On verra bien si, ce soir à cinq heures, la masse des ouvriers osera débrayer à nouveau sous leur nez, à deux pas !

Junot promène en tous sens et sans raison sa tête congestionnée d'adjudant éthylique. Il va parler aux gardiens, vient consulter des papiers chez le contre-maître, repart vers l'horloge pointeuse, en revient avec une liasse de fiches individuelles de pointage, et ceux qui le voient passer, ainsi plongé dans la liste de nos noms, ne peuvent s'empêcher de se demander : qu'est-ce qu'il mijote ? Est-ce ma fiche, mon nom, qu'il a sous les yeux en ce moment ?

Mais quoi, il fait son travail, tout simplement ! Junot n'est-il pas le chef officiel du service de répression de l'usine ? Casser la grève, c'est son boulot : il s'en occupe. Il est sur la brèche, à la tête de ses troupes. En alerte, les contremaîtres et les chefs d'équipe ! En alerte, le service de gardiennage ! En alerte, la C.F.T., le syndicat jaune ! Citroën mobilise.

Midi. À la cantine, nous échangeons rapidement les nouvelles. Partout le même branle-bas de combat. Primo pense que les peintres tiendront. Les camarades du 86 sont moins optimistes. Gravier, le contre-maître, et Antoine, le chef d'équipe, sont déchaînés. Ils ont des réactions de roitelets. Surpris et furieux du débrayage d'hier, ils sont bien décidés à en empê-cher le renouvellement ce soir. Ils poussent la cadence au maximum, inventent à tout bout de champ des soudures mal faites qu'ils imposent de refaire. Ils ont même menacé un Tunisien de licenciement pour ren-dement insuffisant. Des autres ateliers affluent des détails semblables. Ils font tout pour nous empoison-ner la vie. Les caristes ont débrayé hier ? Eh bien, ils vont voir. On leur découvre sans arrêt des piles à dégager, des containers à déplacer, des pièces à livrer.

Des transports oubliés depuis quinze jours deviennent urgents. À faire dans l'heure qui suit. Le carrousel des fenwicks a été infernal toute la matinée. Ce trafic déchaîné exaspère les conducteurs et nous menace à chaque déplacement : pas moyen de faire vingt mètres dans l'atelier sans frôler l'accident. Et, cet après-midi, cela promet d'être pire, tant sont nombreuses les commandes accumulées qui submergent les caristes. Tous les manœuvres en ont pris pour leur grade. Même les balayeurs sont sur les dents : les contremaîtres se sont donné le mot pour rouspéter en chœur contre une saleté qu'ils feignent de découvrir.

Émietté, éclaté en gestes insignifiants indéfiniment répétés, notre travail peut être un supplice. Nous l'oublions parfois, quand la relative torpeur et la régularité de l'atelier nous ouvrent le fragile refuge de l'habitude. Mais eux, les chefs, ne l'oublient pas. Ils savent que le moindre accroissement de la pression, la moindre accélération de cadence, le moindre harcèlement de leur part, font voler en éclats cette mince coquille où il nous arrive de trouver refuge. Plus d'abri pour personne. Et nous voici à vif, la fatigue multipliée par l'énervement, prenant de plein fouet ce travail d'O.S. pour ce qu'il est : insupportable.

Toute cette agitation des chefs est un chantage implicite. Ah, vous refusez de travailler trois quarts d'heure de plus ? Très bien. Nous allons vous montrer ce que nous pouvons faire des neuf heures et quart pendant lesquelles vous restez en notre pouvoir : elles compteront double, elles vous épuiseront bien plus que les dix heures « normales » que nous entendons vous imposer ! Nous verrons bien qui se lassera le premier. (Quelques mois plus tard, le contremaître

Gravier me tiendra ouvertement ce langage : « Vous êtes patient, mais nous sommes plus patients que vous : nous verrons qui se lassera le premier. » Sous-entendu : nous avons mille moyens de vous rendre la vie impossible et de vous contraindre au départ.)

Le système fonctionne selon une logique rigoureuse : le travail est épuisant, mais la grève l'est encore plus. La fatigue physique des dix heures ? Peut-être. Mais sans histoires. Ouvrir la voie de la soumission comme étant celle du repos. Où donc vont-ils chercher, aussi précises, ces techniques du pouvoir ?

Nous avons passé la matinée à tenter de contenir cette compression. Diffuser les tracts, discuter. Tirer partie des pauses. S'efforcer de raviver la joie d'hier soir : « On les a bien eus, hein ? Tu as vu leurs têtes ? Et ce soir, ça sera pareil ! »

Toutes les deux heures, les pistoletteurs ont dix minutes d'arrêt, dans une prétendue salle de repos (quelques chaises de fer dans un recoin sale, un peu à l'écart des vapeurs chimiques) : avec un verre de lait par jour, pour feindre d'enrayer la dégradation physiologique que chacun sait être inéluctable. Primo a mis à profit ces arrêts pour courir d'un point à l'autre de l'usine, partout où il connaît des gens.

Mais il faut faire attention. La surveillance est forte.

Georges a profité du casse-croûte pour aller chez Gravier, parler à deux soudeurs espagnols. Il n'était pas là depuis une minute que Gravier a jailli de son bureau comme un diable de sa boîte, et l'a sommé de déguerpir (« Qu'est-ce que c'est que ce bordel ! C'est pas un moulin, ici, je ne veux personne d'étranger à l'atelier ! »). Il est parti nonchalamment, un sourire ironique aux lèvres, mais sans savoir ce que feront les deux Espagnols ce soir. Il a été frappé par l'atmosphère tendue qui planait sur le 86. Personne ne disait rien. Un silence épais.

Heureusement, Simon, par le va-et-vient de ses chariots de pièces détachées, a maintenu le contact avec la grande chaîne. Nous avons refait le pointage : il y a des défections mais, dans l'ensemble, ça a l'air de tenir. Certains non-grévistes d'hier ont même annoncé qu'ils se joindraient à nous ce soir.

Mardi après-midi. Dès la reprise, une nouvelle entrée en scène : les interprètes.

Ah, on peut en engraisser des gens, avec la plus-value des ouvriers de la chaîne !

Les interprètes Citroën... Élégants, décontractés, la langue bien pendue, ces bourgeois marocains, yougoslaves, espagnols, sont les agents d'un quadrillage redoutable. Cartes de séjour, cartes de travail, contrats, sécurité sociale, allocations, tout passe par eux. Pour les immigrés qui ne parlent pas ou parlent mal le français, les interprètes de la maison constituent un passage obligé vers la société officielle, si compliquée, si déroutante, avec ses formulaires, ses bureaux, ses règles mystérieuses. Monsieur l'interprète va vous arranger ça. Monsieur l'interprète est votre ami, le porte-parole dans votre langue de la bienveillance du patron.

Aujourd'hui, leur « aide » découvre son vrai visage.

Ils se sont répandus dans tous les ateliers. De poste en poste, ils engagent la conversation avec les grévistes. Dans toutes les langues, le même petit discours : « Écoute, Mohamed (ou Miklos, ou M'Ba, ou Gonçalves, ou Manuel), hier, tu as fait une bêtise : tu sais bien que maintenant le travail se termine à six heures moins le quart et que tu n'avais pas le droit de partir à cinq heures. Bon, pour une fois, on va passer l'éponge. Mais, si tu recommences, tu vas avoir de gros ennuis. Et d'abord, ce ne sera plus la peine de venir me voir pour un papier ou pour t'arranger quelque chose. Si tu quittes ce soir à cinq heures, je ne te connais plus. Réfléchis bien. »

Terrible menace. Qui peut y rester indifférent ?

Plus d'interprète, c'est se retrouver brusquement dans la nuit, sourd-muet, incapable de la moindre démarche, rejeté par l'administration, par la société entière. Comment échapper, désormais, aux mille et un traquenards de la bureaucratie française, à l'écrasante inertie d'un monde hostile ?

« Si tu quittes à cinq heures, je ne te connais plus. »

Ils ont une liste. Ils passent avec méthode de gréviste en gréviste. Ils sont frais et dispos, à l'aise. Ils parlent plusieurs langues, font sans doute des études de droit, ou ont derrière eux une formation universitaire. Ils se préparent à être fonctionnaires ou flics dans leurs pays, quand ils ne le sont déjà. Ces bourgeois viennent jusqu'ici briser les grèves des prolétaires de leur pays. Je ressens, à les voir opérer doucereux et insinuants, une sorte de nausée.

Il y en a un à vingt mètres de moi, tout près des balancelles. Il est en train de « faire » le carrousel des portières. Bronzé, cheveux noirs, un début d'empâtement, il s'est composé un visage d'acteur de cinéma de second ordre – sourire figé sur des dents blanches. Son costume brun s'ouvre sur un petit gilet, il débite son baratin avec des gestes de démarcheur d'assurances et, pour finir, une tape paternelle sur l'épaule de l'ouvrier qui travaille sans rien dire.

Abject.

Ainsi fonctionne la machine antigrève. Elle a démarré sans à-coup, comme mise en marche automatiquement par l'alerte de lundi soir. Elle était là, huilée, toute prête à servir, tapie sous le vacarme des autres, ses homologues de fer et de fonte. Oh, ce n'est pas encore le plein régime ! Elle a bien d'autres ressources, bien d'autres mécanismes, que le système de transmission n'a pas encore mis en mouvement : les tabassages, les licenciements, l'entrée de la police, l'expulsion des « meneurs » immigrés vers leurs pays (et le gars que les inspecteurs viennent chercher dans le bureau de l'agent de secteur se retrouvera vingt-quatre heures plus tard dans les prisons de Franco ou d'Hassan II), la chasse aux sorcières dans les foyers... Tout le monde sait que cela existe, que cela s'est produit et se reproduira. C'est simplement en réserve. Pour le moment, elle ronronne doucement, la machine antigrève. Harcèlement dans le travail, mobilisation de la maîtrise, chantage des interprètes, menaces. La routine.

C'est comme cela qu'on produit des automobiles. Des machines moulent la tôle, d'autres pétrissent la matière humaine. L'usine est un tout. Les hommes et les femmes de l'atelier travaillent en silence, et leurs visages ne disent rien. C'est sur eux que pèse maintenant l'engrenage. Comment mesurer cette résistance-là ? On saura à cinq heures.

À l'approche de l'échéance, la tension se fait plus dure. Je la perçois dans les regards. On échange des interrogations muettes. Que fera le voisin ? Que ferai-je ? Ramasser sa volonté, prendre sa décision. On guette le chef d'équipe, le contremaître, bien en vue, à quelques mètres, si près...

Et puis ça va très vite. Cinq heures, départs de partout vers les vestiaires, immobilisation des chaînes.

En quelques instants, l'atelier s'est vidé d'un tiers. Les restants ne peuvent reprendre : trop de trous à combler. Éclats de voix. Le contremaître Huguet s'est posté à la sortie et lance à un groupe de Noirs qui s'en vont : « Dites donc, ce n'est pas l'heure ! Vous aurez de mes nouvelles ! » Dupré, de son côté, s'agite en sellerie. Trop tard. Le flot des grévistes s'écoule en silence.

J'ai dans la poitrine une brusque bouffée d'admiration.

À nouveau le Café des Sports et son sous-sol enfumé. Nous avons aussitôt rejoint notre repaire, nous nous y entassons. Faire le point. Tous, nous avons ressenti la différence de ce débrayage en silence. Hier, c'était l'explosion de joie, la grande pagaille, la surprise d'être aussi nombreux. Aujourd'hui, chacun des grévistes a quitté son poste sans un mot, sans un geste. Les visages étaient graves. Tout au long de la journée, nous nous sommes sentis épiés. Les discussions se sont réfugiées dans les chiottes, les coins de couloirs. L'usine s'est rétractée : chuchotements de notre côté, et la voix des chefs qui n'a cessé de retentir, d'occuper le terrain. C'est comme un étau qui s'est mis en place dès le matin : aujourd'hui mardi, premier tour d'écrou. Que sera le deuxième ?

Atelier par atelier, nous faisons le compte des grévistes. Près de trois cents. Cent de moins qu'hier, c'est finalement peu, après toute cette mobilisation de la maîtrise. Mais c'est quand même un coup d'arrêt. Le mouvement ne se développe pas. Nous rêvions de faire boule de neige. Mais nous sommes bien obligés de constater que nous avons fait le plein le premier jour : maintenant, c'est l'érosion qui commence. Autre coup dur : à part Choisy, il ne s'est rien passé dans les usines Citroën de la région parisienne. La récupération a commencé partout ailleurs, sans accroc. Nous sommes isolés.

Comment regagner le terrain perdu ? Les camarades donnent leur avis l'un après l'autre. Primo le Sicilien, Georges le Yougoslave, Sadok l'Algérien, Christian le Breton, Boubakar le Malien... C'est le berger kabyle de l'atelier de peinture, Mohamed, qui parle le plus longtemps, de sa voix égale, avec son étrange façon de choisir des mots littéraires. Demain matin, nous parlerons aux grévistes de lundi qui ont renoncé à débrayer aujourd'hui ; peut-être pourrons-nous remonter le courant, contrecarrer en partie l'effet des menaces des chefs. Mais cela ne suffit pas. Il faut essayer d'élargir la base du mouvement, rechercher tous les appuis possibles. La section C.G.T. a diffusé la semaine dernière un tract contre la récupération. Lundi et mardi, elle ne s'est pas manifestée. Lui, Mohamed, est prêt à aller les voir au nom du comité de base et à leur demander une prise de parole à la cantine à midi. Les délégués du personnel peuvent représenter une protection légale, une institution de recours.

D'accord pour demander aux délégués de prendre la parole.

Autre chose. Nous essayerons de discuter avec des régleurs et certains chefs d'équipe. Les Yougoslaves suggèrent de faire un tract pour les agents de maîtrise. On les appellerait à ne pas jouer les briseurs de grève. Discussion animée. Certains pensent que c'est inutile. Christian dit que la majorité des chefs est à la C.F.T. : ce sont des briseurs de grève officiels. Oui, mais pas tous. Il importe de montrer que nous savons faire la différence et reconnaître les chefs qui restent relativement neutres. Finalement, l'idée du tract est adoptée sur la base d'un compromis que propose Primo : on dénoncera nommément les chefs qui ont fait de l'intimidation ouverte et lancé des menaces à cinq heures aux ouvriers qui débrayaient. Mais, en même temps, on s'adressera à l'ensemble des cadres, agents de maîtrise, chefs d'équipe, régleurs, on leur dira : votre travail ne devrait pas être un travail d'intimidation ; pour vous aussi, c'est une question de dignité. Le droit de grève existe. Faire grève, c'est une affaire de conscience qui regarde chacun. Respectez les ouvriers qui débrayent à cinq heures.

Rédaction laborieuse.

La réunion a été longue, avec beaucoup de détails, de répétitions. C'est la fatigue qui fait son travail de sape, qui dilate les interventions. On entend mal, on s'énerve, on parle fort... Bon. C'est fini, reste à appliquer. Mohamed et Simon partiront à la recherche de Klatzman dans la nuit (il habite dans un H.L.M. à Ivry). Primo, Christian et moi allons ronéoter les tracts avec Yves.

Stencils. Fautes de frappe. Retaper.

La ronéo. Son ronronnement en cadence. Il me semble entendre un train qui file dans la nuit, paisible. Images d'ailleurs.

La nuit bascule dans les odeurs d'encre et le froissement des rames de papier.

Et déjà le matin brusque.

Devant l'usine, sept heures moins le quart. La palpitation trop éveillée des lendemains de nuits blanches. Perception aiguë, inquiète, des sons, des visages, des lueurs de la nuit qui s'achève. Le métal de la grande porte, l'arête glissante du trottoir, la masse symétrique des bâtiments de l'usine, le défilé silencieux de l'embauche, les minces nuages de respirations et de cigarettes dans l'air glacé.

Nous distribuons nos tracts.

Cela arrive d'un coup. Comme un coup de poing dans le ventre.

Ruée de quatre types. Brutalité. Tracts qui volent. Une chute sur le trottoir. Coups. Lueurs de canadiennes dans la nuit. Cris. Ils hurlent : « Foutez le camp ! les ouvriers veulent travailler ! » J'ai reconnu une tête, un régleur de l'emboutissage. Nous nous précipitons. J'entrevois Christian accroché avec un type, Yves avec un autre. J'agrippe un revers de vêtement, un visage apparaît, épais, déformé par la hargne, puis disparaît aussitôt dans la bousculade. Mouvements. Des ouvriers nous prêtent main-forte. J'entends : « C'est des chefs, des types de la C.F.T. ! » Aussi : « Il y a un blessé ! » Un des distributeurs de tracts est en sang. Un autre, s'arrachant à la mêlée, a protégé son paquet de tracts. Quelqu'un crie aux types : « Vous n'êtes pas des ouvriers, vous êtes des flics du patron ! » Repoussés, ils entrent dans l'usine, menaçant : « On reviendra plus nombreux et on vous fera la peau ! »

Halètement de l'après-bagarre.

On rajuste les vêtements défaits.

Le gars qui saigne s'est mis un mouchoir sur le front.

La distribution reprend.

Les respirations s'apaisent progressivement.

Deuxième tour d'écrou : la journée sera dure.

Junot repart à l'attaque dès sept heures et demie.

L'endroit où je décharge les balancelles est situé à l'entrée de l'atelier, juste en face du bureau de l'agent de secteur. De ma place, je vois à quelques mètres la cage métallique vert armée, surmontée de vitres opaques, qui se détache en avancée du mur de l'atelier.

Vers sept heures et demie, donc, commence un manège qui m'intrigue. Un régleur remplace le Malien des châssis, sur la grande chaîne, et l'envoie au bureau. Le Malien passe lentement devant moi, entre, hésitant, dans la cage vitrée. Deux ou trois minutes après, je le vois ressortir, comme assommé, et regagner sa place. Le régleur relève ensuite un Portugais du carrousel des portières. Le bureau. Le gars fait une sale tête en sortant. Puis c'est au tour de Stepan, le Yougoslave des serrures, que je vois revenir les mâchoires serrées, respirant vite, avec colère. Un autre. Un autre encore.

À la pause de huit heures et quart, je cours aux nouvelles. C'est la convocation individuelle des grévistes. À tous, l'agent de secteur a tenu le même discours : quitter son poste à cinq heures du soir est illégal, c'est une rupture du contrat de travail. « Savez ce que ça veut dire, au moins, "contrat de travail", en français ? Feriez bien de vous renseigner. On n'est pas dans un pays de sauvages, ici, il y a des lois. » Conclusion : dans des cas pareils, la direction a le droit de licencier sans préavis. Et à ceux qui sont logés en foyer Citroën, il a rappelé que c'est une bonté de la direction à laquelle elle est libre de mettre un terme immédiatement. « Faites attention, la France vous a accueilli, mais vous êtes tenu de respecter ses lois. Pouvez disposer. »

Seuls les immigrés sont appelés. De toute façon, c'est l'écrasante majorité.

Toute la matinée, je les vois se succéder un à un dans le bureau de Junot. Chaque fois, j'imagine la scène qui est en train de se dérouler derrière la vitre opaque. L'agent de secteur assis, bien calé dans son fauteuil, derrière ses papiers, la veste de tweed ouverte. En face, le gars debout, mal à l'aise dans ses vêtements maculés, encore tout imprégné des traces de la chaîne qu'il a quitté à l'instant, coincé dans ce tête-à-tête inégal. Quelle contenance prendre ? Regarder l'agent de secteur dans les yeux ? Il le prendra pour une provocation. Baisser la tête, regarder par terre ? Comment accepter cette humiliation supplémentaire ? Laisser errer son regard à gauche, à droite, au loin ? Typique, n'est-ce pas, ces immigrés qui ont tous le regard fuyant : allez faire confiance à ces gens-là... Et dans la bouche de l'agent de secteur, le vouvoiement même porte une menace implicite. Contrairement aux chefs et aux contremaîtres qui vous interpellent sans façon (et sans ménagement), Junot vous appelle par votre nom de famille et veille à dire « vous ». « Faites attention, monsieur Benhamoud... » N'allez pas vous méprendre. Il n'y a là aucune nuance de respect. D'ailleurs, tout le reste de son attitude et de ses propos vous traitent de « sale bougnoule », en permanence. Non, s'il vous désigne de cette façon exceptionnellement cérémonieuse, c'est pour que vous reconnaissiez bien dans son admonestation la langue officielle des lettres recommandées avec accusé de réception. Avertissements, mises à pied, licenciement.

À la sortie, j'essaye de deviner le résultat sur chaque visage. Tiendra ? Tiendra pas ? Celui-ci paraît effondré. Sur les traits de celui-là, c'est la colère qui paraît l'emporter. En voici un qui sort en haussant les épaules, fataliste. Georges s'éloigne en ricanant et prend le temps de s'arrêter pour allumer une cigarette. Un

Algérien ressort tellement choqué qu'il semble hésiter sur le chemin à prendre pour regagner son poste, et erre quelques instants au hasard dans l'atelier.

À midi, une trentaine d'ouvriers sont passés. Les autres attendent leur tour. Anxiété diffuse.

Cantine. La démarche de Mohamed et de Simon auprès de la section C.G.T. a réussi. Un délégué prendra la parole. Le voici qui se fraie un chemin, forte carrure, veste de cuir. C'est Boldo, un professionnel français, grande gueule et ancien dans la boîte. Quelques mots criés, pour que tout le monde entende. Il dénonce les manœuvres d'intimidation, rappelle que la grève est légale, demande aux ouvriers de tenir les délégués au courant des violations du droit de grève dans les différents ateliers. Il est écouté dans un silence que rompent seulement les bruits de plateaux et de chaises des nouveaux arrivants. Dès qu'il a fini, le brouhaha reprend et, à chaque table, des traducteurs improvisés expliquent ce qu'il a dit. Toutes les demi-heures, il refait la même intervention, pour suivre la rotation rapide des ouvriers des différents ateliers au self.

Enfin ! la C.G.T. s'est mouillée, pour la première fois depuis le début de la grève. Nous savons qu'il y a eu une vive discussion au bureau de section. Certains ne voulaient pas entendre parler de cette action, lancée par des « gauchistes ». Galice, un des responsables de la section, le plus virulent à notre encontre, a fustigé « ces étudiants qui viennent donner des leçons à la classe ouvrière » (lui-même est contremaître chronométreur au bureau des méthodes). Mais une majorité a fini par se dégager pour apporter un soutien à la grève. Les gars de la peinture et Klatzman ont emporté le morceau. Le vieux Jojo, mon voisin de vestiaire, a même tenu à me dire qu'il nous soutenait et qu'il avait insisté pour que le syndicat se manifeste.

Cette intervention de la C.G.T. va sans doute donner une espèce de couverture légale à notre grève aux yeux d'un certain nombre d'ouvriers. C'est important. Mais cela suffira-t-il à annuler les menaces de plus en plus précises qu'adresse la direction à chaque gréviste ? Douteux.

L'après-midi, Junot continue. Convocation. Savon. « Pouvez disposer. »

Sa méthode est simple et efficace. Il faut que chaque gréviste se sente individuellement repéré, visé. L'arracher à la relative protection de l'action collective, au cours de laquelle il peut se croire fondu dans la masse, presque anonyme. Qu'il entende prononcer son nom. Qu'il l'aperçoive entouré de rouge sur la liste que tient Junot. Qu'il sente, ne serait-ce que quelques instants, toute la machine Citroën peser sur lui seul, entre les quatre murs de ce bureau nu, métallique, résonnant du vacarme des chaînes voisines.

Trois cents récalcitrants, c'est encore beaucoup. Le quart de l'usine, plus si l'on ne compte que les ouvriers. Alors, on attaque la surface point par point, pour en détacher d'abord quelques éléments. Réduire cette masse. En deux ou trois minutes, chacun de ceux qui défilent dans le bureau de Junot éprouve le passage du rabot. Il y a tant de mots, dans le langage de la production, pour désigner cette opération de nivelage : raboter, équarrir, ébarber, poncer, limer, laminer... Planches de bois, blocs de pierre, brames d'acier, plaques de tôle. Et pour l'homme, cette matière particulière dont s'occupe Junot, comment dit-on ?

Autre secteur du front : les chefs. Notre tract a-t-il eu quelque effet de ce côté ? Dans les interstices du travail, nous tentons d'en estimer l'impact. De l'avis de Simon, certains chefs se sont calmés. Pas les contremaîtres, bien sûr. À ce niveau, suprême dans la hiérarchie de l'atelier, il n'y a que des inconditionnels du système Citroën. Huguet au 85, Gravier au 86, leurs homologues de la peinture et de l'emboutissage, poursuivent sans faiblir leur politique de harcèlement : présence, coups de gueule, multiplication des pièces refusées et des travaux supplémentaires. Mais plus bas, à l'échelon des chefs d'équipe et à celui des régleurs, il semble qu'il y ait un certain flottement. Dupré a paru un peu plus discret qu'hier. Et le régleur rouquin à la tête d'Irlandais du 85 (celui qui m'avait initié, sans succès, au gainage des vitres) a même glissé à Simon, en mâchant une pipe imaginaire et en avalant la moitié de ses mots : « ... M'en fous, moi... cinq heures, six heures moins le quart... pas mon affaire, ... chuis là pour l'boulot, moi, pas pour les horaires... » Simon, triomphant, nous a rapporté le propos à la pause de trois heures et quart. Georges lui a fait remarquer que ce régleur a toujours été un original. Il ne faut pas se faire trop d'illusions. On verra bien ce que feront les chefs à cinq heures. Vague espoir, quand même, qu'ils seront moins menaçants qu'hier à l'heure du débrayage. D'autant plus qu'ils ont tous appris aussitôt que le syndicat était intervenu à la cantine contre les actes d'intimidation de la maîtrise.

Quand commencent, à l'approche de cinq heures, les dernières minutes d'attente intense, il est impossible de prévoir ce qui se passera. Avons-nous remonté la pente ? Ou, au contraire, Junot et ses hommes ont-ils réussi à intimider un nombre suffisant d'ouvriers pour que la grève s'effondre ? Et s'il y avait un sursaut général, encore plus de grévistes que le premier jour ? Par moments, je me prends à rêver de ce déferlement qui ferait céder Citroën, l'obligerait à renoncer à la récupération... Non. Raisonner. Évaluer. Mais ce mercredi, centre de gravité de la semaine, notre grève s'est compliquée de tant d'interventions et d'événements ! L'agression C.F.T. contre notre distribution de tracts ce matin, l'opération rabot de l'agent de secteur, la menace d'expulsion des foyers et de licenciement, la prise de parole de la C.G.T. à la cantine, les oppositions à l'intérieur de la section syndicale, les bruits contradictoires sur l'état d'esprit des chefs. Et l'énervement de ces débrayages répétés, l'effort de volonté à renouveler chaque soir, la fatigue qui s'accumule à mesure que s'avance la semaine. Je tourne et retourne dans ma tête les éléments du dispositif. La résultante ? Elle est dans chacune de ces têtes penchées sur le travail de la chaîne, marquées par la lassitude de la fin de journée et l'inquiétude de la décision à prendre.

Cinq heures.

Les contremaîtres à nouveau postés près des portes, menaçants, renforcés de quelques chefs d'équipe. Interpellent les partants.

Le débrayage. Rapide, net, silencieux. L'atelier se vide en partie. Assez pour arrêter les chaînes. Un peu moins massif qu'hier, me semble-t-il.

Café des Sports, les comptes. Deux cent cinquante grévistes environ. Ils nous ont raboté cinquante camarades.

Encore des tracts. La semaine est presque finie, tenez bon, bilan atelier par atelier ; nous insistons sur l'illégalité des menaces de Junot, nous dénonçons son baratin sur le « contrat de travail rompu ». Nous ne céderons pas.

L'interminable ronronnement de la ronéo.

Nous glissons comme des somnambules vers l'aube du jeudi. Le visage creusé, les yeux fiévreux de Christian m'effrayent. « Repose-toi, on s'occupera des tracts et de la distribution. » Il ne veut pas. Mais, quand il parle, il s'étouffe dans des quintes de toux. Le jeudi, au petit matin, Georges arrive sans s'être rasé, le visage mangé par un début de barbe noire, et il me semble que le manteau de Primo est froissé... Impensable ! Cette semaine qui dure depuis toujours, quand finira-t-elle ?

Le jeudi passe dans un brouillard de fatigue, de nerfs usés, de répétitions machinales. Tenir quelques heures encore. C'est le dernier jour d'affrontement de la semaine. Le vendredi sera neutre : sortie à 16 heures 15 pour tout le monde, la direction ne fait pas récupérer.

Toute la journée, Junot continue son rabot.

Nos tracts continuent de circuler.

Jeudi, cinq heures : un peu plus de deux cents grévistes.

Notre grève a résisté toute la semaine...

Ce vendredi est un 21 février. Chaque année, nous commémorons en une journée internationale de solidarité anti-impérialiste cet anniversaire de l'exécution par les nazis du groupe Manouchian, ouvriers immigrés résistants, venus d'Arménie, de Hongrie, de

Pologne. Ceux de l'affiche rouge, visages fiévreux et creusés, étranges et étrangers, pourchassés et indomptables, abattus le 21 février 1944. Figures d'hier et d'aujourd'hui d'un même prolétariat immigré arc-bouté dans sa résistance à l'écrasement. Je suis content que ce 21 février ne nous trouve pas dans la défaite.

Junot a mis ses menaces à exécution : vingt camarades grévistes ont été expulsés de leurs foyers Citroën. Sans formalité : le soir, en rentrant de l'usine, ils ont trouvé leurs valises devant la porte. « Zavez cinq minutes pour déguerpir », a dit le gérant.

Les reloger. On s'arrange comme on peut. Hébergements de fortune.

Samedi. Dormir.

Le dimanche, nous nous réunîmes à nouveau, pour préparer la deuxième semaine de grève. De l'avis général, il serait impossible de bloquer la production une semaine de plus. Mais la majorité du comité de base n'envisageait en aucun cas de se plier à l'humiliation des trois quarts d'heure supplémentaires et surtout du travail gratuit. Ceux-là en avaient fait une question personnelle : rien ne les ferait changer d'avis. On continuerait donc. Même si l'érosion du nombre des grévistes s'accentuait. Même si Junot mettait ses autres menaces à exécution. Même si la C.F.T. attaquait en force. On continuerait pour le principe. On continuerait parce que c'était vraiment une question d'honneur, pas seulement un mot qui sonne bien sur les tracts. Et, comme la grève, même minoritaire, ne peut jamais être une simple abstention de travail, qu'elle est toujours une résistance, un surcroît d'activité par rapport au travail (c'est comme de contenir un bloc de granit : si on lâche tout, on est écrasé), nous nous arc-boutons à nouveau en prévision du lundi : nouveaux tracts, nouvelle campagne d'explications. Démarrage immédiat : ce soir même, nous rendrons visite chez eux aux grévistes que nous connaissons et nous ferons, par groupes de deux, une tournée des foyers – pour autant que l'accès en soit possible.

Le lundi soir, malgré nos efforts de propagande de la veille, malgré les tracts du matin, malgré les discussions au vestiaire et pendant les pauses, le nombre des grévistes tomba brutalement de moitié. Une centaine d'ouvriers seulement débrayèrent à cinq heures. Et, pour la première fois depuis le début de la grève, la direction parvint à combler les trous sur les chaînes et à assurer, grâce aux remplacements par les régleurs, la maîtrise et quelques professionnels, la production jusqu'à six heures moins le quart, terme officiel de la journée.

Mardi 25 février. Sept heures moins cinq. L'attente du matin. Je marche d'un pas rapide vers les balancelles. Cour, grandes portes, couloirs, escaliers de fer, angles droits, allées. Itinéraire de routine, que je parcours sans voir, la tête ailleurs. Pénétrer dans l'usine, c'est pénétrer dans la grève. Sous ma veste, le paquet de tracts que je donnerai dans quelques instants à Simon, pour qu'il le diffuse sur la grande chaîne. Une journée compacte se prépare. À la pause de huit heures et quart, j'irai au 86, pour parler à Mouloud si Gravier n'est pas en vue. À midi et demie, rendez-vous à la cantine avec Mohamed et Primo : le point sur l'atelier de peinture. Ah oui, le Malien d'hier soir, qui m'a dit qu'ils étaient quelques-uns à vouloir discuter aux presses. Ne pas oublier d'y aller.

Mon poste. Dupré m'y attend. Narquois, me semble-t-il. Marchant tête basse, j'ai presque buté contre lui. Qu'est-ce qu'il fout là, à côté des balancelles ?

« Tu es muté à l'annexe de la rue Nationale. Voici ton bon de sortie. Tu dois y être à sept heures trente. »

Qu'est-ce que c'est que ça, l'annexe de la rue Nationale ? Jamais entendu parler.

« Mais...

– Il n'y a pas de mais : tu as juste le temps d'y aller. Il faut que tu prennes ton vestiaire, tu ne reviendras pas ici. »

Et les tracts, et mes rendez-vous, et le Malien des presses, et...

« Alors, t'es bouché ou quoi ? Tu ne connais pas le chemin de la sortie ? »

Le chef d'équipe s'impatiente. Je commence à m'éloigner en hésitant. Je lance un regard impuissant à Simon, qui a suivi la scène de loin. Impossible de passer les tracts, Dupré ne me quitte pas des yeux. J'enrage de les avoir là, sous ma veste, tas de papier désormais inutile. Je quitte l'atelier. Le vestiaire vide : je me change sous la surveillance du gardien. La porte de l'usine. Un autre gardien : je montre mon papier, il opine du chef et me fait signe de dégager d'une main molle.

La rue. Un bref trajet. Voici la rue Nationale. Je cherche l'adresse indiquée.

Le dépôt des pièces détachées Panhard, administrativement rattaché à l'usine Citroën de la porte de Choisy, croupit dans un vieil entrepôt coincé dans un renfoncement entre des immeubles d'habitation. Cul-de-sac complètement isolé, à cinq minutes de marche de l'usine. Travaillent ici onze personnes, dont un chef d'équipe et un vieux gardien à moitié sourd.

La fourmi qui s'active dans la fourmilière ignore que dans quelques instants une main de géant la détachera avec précision de la masse de ses compagnes pour la déposer à l'écart de tout, dans un bocal. Il ne lui restera plus qu'à tourner en rond le long des parois glacées, encore toute frémissante de la foule récente, hébétée par la surprise de cette solitude.

Pendant que je me hâtais vers les balancelles ce matin, le paquet de tracts serré contre mon corps, la tête pleine des choses de la grève, tendu vers la journée comme on peut l'être vers une bataille, mon cas avait déjà été réglé là-haut dans les bureaux et je ne le savais pas.

Maintenant, il est sept heures et demie du matin et je suis dans l'entrepôt, mon nouveau lieu de travail. Je me répète, stupéfait par la rapidité de ce changement : l'usine, l'atelier 85, la grande chaîne, les 2 CV, la grève, tout cela est fini pour moi, je ne pourrai plus le suivre que du dehors. Mais je n'arrive pas à le penser.

Je suis dans le bocal.

L'ORDRE CITROËN

Le dépôt Panhard, mon lieu d'exil, est à environ un kilomètre de l'usine, enfoncé dans les ruelles du treizième arrondissement, à l'écart des voies dégagées où se dressent les bâtiments principaux, avenue de Choisy et sur les grands boulevards. Cette annexe perdue trouve son origine dans les strates successives de la concentration capitaliste.

Les usines de la porte de Choisy ont appartenu, dans le temps, à la maison Panhard. On y fabriquait des automobiles et aussi des automitrailleuses réputées ; la Panhard, petit blindé léger de patrouille antiguérilla avait fait merveille pendant des années dans les combats douteux du monde entier : combien de raids punitifs, de mechtas incendiées, de villages brûlés, de foules civiles mitraillées ? Aujourd'hui, les blindés se construisent ailleurs, la firme Panhard a disparu, et, sur les chaînes de la porte de Choisy, les 2 CV ont remplacé les automitrailleuses. Mais, en rachetant Panhard et ses locaux, Citroën a pris en charge pour une certaine période le service après-vente de la firme défunte. On a donc stocké dans le petit entrepôt de la rue Nationale tout un bric-à-brac de pièces détachées d'automobiles Panhard. Nous gérons ce legs.

Administrativement, nous relevons de Citroën-Choisy. Nous pointons comme les autres, sommes astreints aux mêmes horaires, sous la coupe du même agent de secteur. Mais nous ne produisons rien. Nous vivons au milieu de centaines de casiers répartis le long d'allées étroites, où sont rangées les pièces, selon un système de numérotage compliqué – un peu comme ces spectaculaires salles d'archives ou de fichage que l'on montre parfois au cinéma, dans les histoires d'espionnage ou les films policiers. Notre travail est d'une redoutable simplicité. Prendre un bon de commande chez le chef d'équipe (il en a un petit tas, qu'il répartit entre nous) et en exécuter le libellé. Nous utilisons pour ce faire un chariot et nous partons nous approvisionner à travers les allées comme si nous faisions nos courses dans un grand magasin. Quand les différents objets commandés sont rassemblés, on ramène le tout au chef d'équipe, qui vérifiera et fera suivre à l'emballage, on prend un autre bon et un chariot vide, et on recommence. Trajets équivalents, indistincts, le long d'allées semblables, à parcourir des dizaines de kilomètres – alors que la superficie de l'entrepôt est en réalité dérisoire. Tout cela dans une sorte de semi-obscurité, le dépôt n'étant éclairé que par quelques faibles ampoules.

Il y a aussi le silence, grinçant et de mauvaise qualité, le râclement des chariots et le glissement des pieds : tout le monde traîne la patte. Et une forte odeur de graisse rance qui, au début, vous prend à la gorge, puis finit par vous droguer – toutes les pièces détachées sont protégées de la rouille par une épaisse couche d'une substance brune, grasse, à base d'huile, que je prends un réel plaisir à décaper avec une lame acérée quand personne ne me regarde. Le seul élément de variété est introduit par l'exotisme de certaines commandes : un pignon pour Conakry, une boîte de vitesse pour Abidjan, un essieu pour São Paulo, on peut rêver.

Chacun exécute sa commande le plus lentement possible et, vers le milieu de la journée, le spectacle de ces ombres errant en silence le long des casiers obscurs, paraissant en proie à une léthargie incurable, a quelque chose d'irréel.

Je pris l'habitude d'aller, entre deux commandes, somnoler quelques minutes dans un des grands casiers du fond de l'entrepôt. Parfois même, blotti là entre deux blocs moteurs, je parvenais à lire une ou deux pages d'un livre avec une lampe de poche, oubliant Citroën, Panhard et le reste de l'univers. Il m'arriva de m'endormir pour de bon et de n'être réveillé que par le chef, qui, s'inquiétant de ma disparition, parcourait les allées sombres en criant mon nom. L'odeur de graisse me saisissait aussitôt, et je repartais faire mes « courses ».

À part moi, il n'y avait là que des vieux que Citroën parquait dans l'attente de la retraite. Nous n'avions guère de terrain de discussion commun et, de toute façon, l'atmosphère glacée de ce vaste entrepôt ne portait pas à la communication. Au bout d'une semaine, je connaissais par cœur les onze visages et je savais qu'il n'y avait rien à faire.

Seul un vieil ouvrier me parlait parfois. Son visage sillonné de rides paraissait converger vers une bouche tombante, amère, qui parfois souriait en un vague rictus. Un corps maigre, flottant dans une combinaison de toile grise serrée à la taille par une ceinture entortillée. Albert n'avait plus qu'une occupation vraiment importante : compter les jours qui le séparaient de la retraite. Et, bien sûr, il ne me parlait presque que de cela, rêvant à haute voix d'un avenir idyllique de pavillon de banlieue, de géraniums, de petits jardins symétriques et de matins silencieux. Il passait son temps à me démontrer avec force calculs l'opération ingénieuse de cumuls de congés payés et de gratifications exceptionnelles qui allait lui permettre de partir à la retraite à soixante-quatre ans et six mois seulement. « C'est un peu normal », ajoutait-il comme pour s'excuser de ce privilège, « en trente-trois ans de présence chez Citroën, je ne me suis jamais mis aux assurances. Non, non, jamais malade ! » Plus que deux mois à faire : il voyait le bout.

Son autre sujet d'enthousiasme était la réussite sociale de son fils, devenu agent de police. « Tu comprends, il ne touche jamais rien de ses mains. Il travaille en gants blancs. Le soir, pour se mettre à table, il n'a même pas besoin de se laver les mains ! »

Tout me séparait d'Albert et j'avais pourtant l'impression de le comprendre. Le souffle minuscule d'une vie dans ces jours sans histoire du dépôt Panhard.

(Quelques mois plus tard. J'ai quitté le dépôt depuis assez longtemps déjà. Je rencontre par hasard quelqu'un qui y travaille :

« Alors, comment ça va, rue Nationale ?

— Toujours pareil.

— Et le vieil Albert ? Il l'a prise, sa retraite ?

— Ah, tu n'étais pas au courant ? Oui, il est parti à la retraite. Et un mois après, tout juste, il est mort. Crise cardiaque, à ce qu'il paraît... »

Image fugitive : un vieil oiseau qui a toujours vécu en cage. Un jour, on finit par le lâcher. Il croit s'élancer, ivre, vers la liberté. Mais il ne sait plus. C'est trop fort, trop neuf. Ses ailes atrophiées ne savent plus voler. Il s'effondre comme une masse et crève en silence, juste devant la porte enfin ouverte de la cage.

Le corps d'Albert avait été programmé pour soixante-cinq ans de vie par tous ceux qui l'avaient utilisé. Trente-trois ans dans la machine Citroën : le même réveil à la même heure chaque matin, sauf dans les périodes – toujours les mêmes – de congé. Jamais malade, jamais « aux assurances », disait-il. Mais un peu plus usé chaque jour. Et la stupeur d'arriver en fin de course : le silence du réveil qui ne sonnera plus jamais, le vertige de cette oisiveté éternelle... C'était trop.)

Ce dépôt de pièces détachées ne fut pour moi qu'un endroit de contention. J'y passai plus d'un mois. En me jurant de ne prendre mon compte en aucun cas, je m'étais constitué prisonnier de Citroën. Les premiers jours de la rue Nationale, l'absurdité de mon isolement, alors que je savais quelle bataille se déroulait à Choisy au même moment, faisait monter en moi une rage sans exutoire possible. Qu'est-ce que j'en avais à foutre, d'aller chercher à tâtons dans un casier poussiéreux un embrayage à expédier à Tartempion-les-Bains pendant qu'une fois de plus, au 85, en peinture, chez Gravier, face à Junot et à sa bande, Primo, Georges, Christian et tous les camarades du comité préparaient l'affrontement de cinq heures du soir. Mais allez donc expliquer ça à un vieux gardien à demi-sourd, à un chef d'équipe décrépit qui n'a pas vu une chaîne de montage depuis dix ans, ou à un vieil ouvrier obsédé par l'approche de sa retraite !

C'est une pratique courante, dans les entreprises, de reléguer les gêneurs, les agités ou les militants syndicalistes trop encombrants dans des endroits isolés, des annexes perdues, des magasins, des cours, des dépôts. Un licenciement risque toujours de provoquer un conflit, de mobiliser des gens autour de la victime. Pourquoi courir ce risque si l'on peut obtenir le même résultat sans appel possible ? Le patronat est seul maître de l'organisation du travail, n'est-ce pas ? Si la direction décide que vous êtes indispensable à la surveillance d'un cagibi, à un bon kilomètre de l'atelier où vous étiez implanté, vous n'avez qu'à obtempérer ou prendre votre compte.

Cela, je le savais. Mais je n'imaginais pas le choc brutal que cela représente. Vous vous sentez arraché, comme un membre vivant, coupé tout palpitant encore de l'organisme. Les premiers jours, l'univers familier de la grande chaîne et de ses dépendances me manqua physiquement. Tout me manquait. Les allers-retours vifs de Simon poussant ses chariots et colportant ses tracts. Les petits gestes d'amitié des Yougoslaves du carrousel. Les femmes de la sellerie. La démarche lente et hautaine des Maliens. Les emportements de Christian, les visites furtives de Sadok, les petits meetings de la troisième marche... Tout.

J'étais, dix heures par jour, enfermé dans un cul-de-sac absurde, réduit à compter les heures et à supputer anxieusement l'état de notre grève. À cinq heures du soir, une seconde après avoir pointé, je partais en courant sans même passer par le vestiaire, pour trouver à la sortie de Choisy où j'arrivais, essoufflé, en quelques minutes, les nouvelles de l'usine, ce monde devenu subitement lointain qui m'était interdit.

Les nouvelles étaient mauvaises.

D'abord la poursuite du laminage de la grève. Puis, après une brève apparence de répit, le démantèlement du comité de base.

À la fin de la deuxième semaine de la grève, la situation s'était stabilisée. Une cinquantaine d'ouvriers de l'usine de Choisy continuaient de refuser la récupération et débrayaient chaque soir à cinq heures. Éparpillés à travers les ateliers, sur les chaînes, à des postes de boni ou dans des tâches de manœuvres, ils sortaient désormais individuellement sans espoir de bloquer la production. Leur obstination, concentrée dans ce geste devenu symbolique, manifestait chaque jour l'existence d'un dernier carré de résistance à l'humiliation des trois quarts d'heure supplémentaires.

Il y avait, dans ce dernier carré, des ouvriers que nous ne connaissions pas, qui n'étaient jamais venus aux réunions du comité, à qui même nous n'avions jamais eu l'occasion de parler dans l'usine.

Inversement, certains membres du comité avaient fini par renoncer au débrayage quotidien.

La majorité des membres du comité continuaient de refuser la récupération et sortaient à cinq heures. Mais un consensus implicite s'était établi, qui laissait à chacun le choix individuel de cet acte. Simon, Sadok et une partie des Maliens décidèrent d'abandonner à la fin de la deuxième semaine et de se plier aux horaires de la direction. Quoique personne ne le leur demandât, ils expliquèrent chacun leurs raisons, qui tenaient à des difficultés personnelles ou à des moyens de pression particuliers que la direction de Citroën avait sur eux. Chacun sentit leur désarroi, et à quel point cet abandon leur était douloureux. On ne leur en voulut pas. Nous savions tous que la grève proprement dite, en tant qu'action collective, était en fait terminée, progressivement contenue, rabotée, réduite par la direction. Nous ne la ferions pas reprendre. Ceux qui persistaient ne faisaient que tenir un engagement vis-à-vis d'eux-mêmes. Primo s'était juré de ne pas plier : aucun revirement tactique ne l'aurait fait changer d'avis. Il en était de même pour Georges, Stepan, Pavel, Christian et quelques autres.

Pendant quelques jours, il sembla que ce statu quo se maintiendrait.

À cinq heures, les cinquante récalcitrants regagnaient les vestiaires sans incident. Leurs postes étant repérés depuis longtemps, les régleurs procédaient immédiatement au remplacement sur les chaînes. Pour les postes annexes au boni et pour une partie des travaux de manœuvre, trois quarts d'heure d'absence n'avaient guère de conséquence immédiate sur la production.

L'ordre paraissait revenu, la production était assurée normalement pendant les dix heures de la journée de travail : je m'imaginais que le système Citroën se désintéresserait de la manifestation symbolique que représentait la sortie de cinquante personnes à cinq heures. C'était mal le connaître. Les ouvriers sont attachés aux symboles ? Les patrons aussi. Faire produire ne suffit pas. Il faut faire plier. Plus exactement, pour la direction, assurer la sûreté de la production, c'est faire plier les producteurs : la moindre tentative de se redresser est une menace intolérable, même si elle n'a guère de conséquence matérielle immédiate. Le système ne néglige rien.

Brusquement, au début du mois de mars, alors que rien n'annonçait l'orage, la direction déclencha une persécution systématique des ouvriers les plus actifs du comité de base. Cette répression sélective visa avec une telle précision les éléments durs de notre groupe que je me demandai dans quelle mesure le flicage Citroën avait permis à la boîte de connaître notre fonctionnement interne.

Tombèrent successivement : Christian ; Georges, Stepan, Pavel ; Primo.

La méthode d'attaque fut la même dans chaque cas. Pas de licenciement, mais un laminage intensif : rendre la vie impossible à celui qui est visé. Toute la machine de surveillance, de harcèlement et de chantage qui s'était, dès le 18 février, abattue sur l'ensemble des ouvriers grévistes de l'usine se concentrait maintenant, méthodiquement, sur les « fortes têtes » repérées. La direction avait choisi une petite dizaine de personnes à éliminer. On saurait les obliger à « prendre leur compte » – à disparaître.

Christian.

Dupré passa une semaine à le tourmenter. Il lui interdit tout déplacement dans l'atelier. Le Breton, grand nerveux, avait un besoin vital de bouger, de se déplacer et il ne trouvait un certain équilibre qu'en quittant son chevalet toutes les deux ou trois heures pour faire un tour dans l'atelier. Cette immobilisation fut un choc sérieux. Christian serra les dents et tint bon deux ou trois jours. Mais il devint plus irritable, perdant contenance pour un détail, parlant avec brusquerie à ses voisins.

Puis Dupré commença à lui casser les pieds sur la façon de disposer les caoutchoucs. Il lui fit refaire un siège soi-disant irrégulier. Puis un autre. Enfin, il lui annonça triomphalement un jeudi à cinq heures que le boni était augmenté de cinq sièges et que, s'il ne restait pas pour les faire, on lui déduirait une somme de sa paye. Fou de rage, Christian balança un caoutchouc en direction de Dupré – sans l'atteindre – et hurla qu'il prenait son compte. L'autre n'en demandait pas plus. Il l'accompagna sans commentaire au bureau, ne parla même pas du geste de violence, et le remit à l'agent de secteur qui lui fit signer les papiers de sa démission. Moins d'un quart d'heure plus tard, il était devant la porte, encore étourdi par son propre éclat et par ce départ soudain. Citroën, c'était fini pour lui.

Arrivant de la rue Nationale, je le trouvai là, tremblant d'indignation, ulcéré de s'être laissé avoir.

« J'ai déconné. C'est les nerfs qui ont lâché... »

Georges, Stepan, Pavel.

Les trois Yougoslaves du carrousel des portières avaient organisé leur travail depuis longtemps, indépendamment de la disposition officielle. Affectés au montage des serrures, ils avaient transformé et regroupé les opérations de façon à pouvoir se libérer par rotation de la servitude de la chaîne. Leur habileté manuelle et leur rapidité leur avaient ainsi permis de conquérir une zone de fonctionnement autonome là où seules les décisions du bureau des méthodes étaient censées faire loi. La maîtrise, ne trouvant qu'avantages à cet arrangement – il n'y avait jamais de retard ni de pièces défectueuses –, laissait faire.

Quand la décision fut prise de frapper, le contremaître Huguet n'eut pas de mal à trouver la méthode de représailles la plus efficace contre les trois hom-

mes : il les sépara. Ce petit bout de Yougoslavie ins-
tallé sur les dix mètres des trois postes du carrousel
vola en éclats un beau matin. Trois mutations. Pavel
se retrouva à l'emboutissage, Stepan en peinture et
Georges au ponçage (poste détesté, parce qu'il vous
obligeait à rester dix heures par jour dans une poussière de fer et un tourbillon de minuscules éclats de
métal).

Dispersés, privés brutalement d'un rythme de vie
au travail qu'ils avaient patiemment construit pendant
des années, affectés à des postes spécialement péni-
bles, les trois Yougoslaves décidèrent d'un commun
accord que cela suffisait.

Le même matin, ils prirent leur compte tous les
trois.

Ils quittèrent leurs postes sans un regard pour les
chefs qui traînaient par là, annoncèrent leur décision
au bureau et laissèrent faire les papiers en silence.
Mais, avant de prendre la porte, ils firent le tour
complet des différents ateliers pour saluer une dernière fois tous les ouvriers qu'ils connaissaient, et tous
ceux qui avaient participé aux débrayages, et tous les
membres du comité de base. Ils serrèrent la main de
chacun. Eux-mêmes étaient déjà en tenue de ville et
ils serraient ces mains pleines de cambouis, de graisse,
de poussière de fer, de peinture, longuement, avec des
mots d'adieu et d'encouragement. Et les autres s'arrê-
taient de travailler quelques instants, posaient leurs
outils, les remerciaient pour tout ce qu'ils avaient fait
et leur souhaitaient bonne chance pour l'avenir. Cela
prit beaucoup de temps, mais aucun chef d'équipe,
aucun contremaître, aucun gardien n'osa faire la moindre réflexion ou tenter d'accélérer le mouvement. Ce
n'est qu'après avoir ainsi visité toute l'usine jusque

dans ses recoins les plus éloignés qu'ils sortirent par la grande porte, frôlant le gardien sans lui prêter plus d'attention que s'il se fût agi d'un ustensile oublié là par hasard.

Vint enfin le tour de Primo.

Ce fut plus dur, parce que le Sicilien était bien décidé à ne pas prendre son compte.

Cela commença par la méthode habituelle du harcèlement dans le travail : peintures à refaire, cette couche trop épaisse, cette couche trop fine, etc. Sans résultat : Primo obtempérait, impassible.

Puis, ce furent les mutations : on le trimballa à l'emboutissage, au ponçage... En quinze jours, il fit cinq ou six postes différents, utilisé comme bouche-trou, enlevé à son travail dès qu'il commençait à s'y habituer. Toujours sans effet.

Finalement, la direction se décida à employer les grands moyens. Un provocateur de la C.F.T. vint l'insulter pendant qu'il travaillait, lui lançant que les types du comité de base n'étaient que des fainéants, que, s'ils refusaient de travailler jusqu'à six heures moins le quart, ce n'était que par paresse, que d'ailleurs les immigrés n'étaient bons à rien et que lui, « sale rital »... Le coup de poing de Primo lui ouvrit une belle plaie nette à la joue. Deux points de suture.

Et, pour Primo, le licenciement immédiat.

Citroën engagea en outre des poursuites judiciaires contre le Sicilien : « coups et blessures ».

Décapité, le comité de base entra en sommeil.

On continua à dire « ceux du comité » pour désigner tel ou tel d'entre nous (et nous-mêmes employions encore cette expression), mais les réunions du vendredi cessèrent, ainsi que les distributions de tracts.

Abandonné par le ressac dans ma petite flaque de la rue Nationale, je continuai à entasser mollement mes pièces détachées Panhard et, pour peu qu'on m'oubliât quelques instants, à somnoler au fond de l'entrepôt. La direction me laissait mariner là, en attendant que je prenne mon compte. Mais, comme j'avais décidé de ne partir volontairement en aucun cas, je m'installai dans l'attente, mélancolique et comme gelé. Les premiers jours du printemps 69 furent effectivement froids. Je me recroquevillai en moi-même, comptant les derniers jours de ce mois de mars devenu insipide, m'efforçant de lire des romans dans l'ombre des casiers géants, décapant à coups de rasoir la graisse épaisse et rigide qui recouvrait les pignons ou les blocs-moteurs, prêtant vaguement l'oreille aux rêves séniles d'Albert.

L'isolement, l'absence d'objet précis sur lequel concentrer ma colère (je n'avais aucune raison d'en vouloir au chef d'équipe tout vermoulu de l'entrepôt, ou d'agresser le gardien sourd qui somnolait près de l'horloge pointeuse), le ressassement répété mais qui, ici, devenait abstrait, de la répression à Choisy, finirent par épuiser ma rage du début. Je tombai dans une indifférence frileuse. J'avais progressivement adopté la démarche traînante de mes collègues et il me semblait parfois, quand je glissais dans le silence de l'entrepôt à la recherche de quelque levier de vitesse ou d'un pare-brise, sentir à mes pieds d'invisibles pantoufles.

Des nouvelles me parvenaient, au hasard des rencontres et des va-et-vient épisodiques entre la rue Nationale et l'avenue de Choisy.

Pavel avait presque aussitôt retrouvé du travail, dans une imprimerie.

Georges parvint à se faire embaucher chez Renault, à Billancourt. Il me rendait parfois visite, toujours désinvolte, riant de mon exil et de ma tristesse, m'incitant à prendre mon compte : « Laisse tomber. Aux prochaines vacances, viens avec moi en Yougoslavie. Je te présenterai tous les gens de mon village. On fera la fête. Il y a des belles filles, là-haut. » Et il se mettait, sans autre transition, à raconter ses exploits amoureux.

Stepan resta longtemps chômeur et finit par partir pour l'Allemagne de l'Ouest.

J'étais inquiet pour Christian, qu'on disait désespéré et qui, sur un nouveau coup de tête, était reparti en Bretagne, où il savait pourtant ne pouvoir trouver du travail ni compter sur personne, sa famille étant bien trop pauvre pour l'entretenir longtemps. Sa copine lycéenne le cherchait partout, en vain.

Ceux qui étaient passés au travers et conservaient leur poste à Choisy – Simon, Sadok, Mohamed de la peinture et quelques autres – faisaient le dos rond et attendaient des jours meilleurs. La fermeture prochaine de l'usine de Choisy, annoncée pour l'année suivante, accroissait l'incertitude de chacun sur son propre sort. Qui serait muté à Javel ? à Levallois ? à Clichy ? en province ? N'avait-on pas proposé à de jeunes tôliers français de partir à... Bruxelles ! Et si une partie du personnel restait sur le tapis ? L'ordre rétabli refoulait chacun dans sa solitude. Quand je croisais Sadok le soir et que nous échangions quelques mots, je lui trouvais l'élocution pâteuse et son haleine sentait très fort l'alcool.

Le seul avec qui je maintins un contact régulier fut Primo. Il avait trouvé à s'embaucher dans une entreprise d'instruments de précision, près de la place d'Italie. Une toute petite boîte, où ne travaillaient pas plus d'une vingtaine d'ouvriers.

Nous prîmes l'habitude de nous rencontrer tous les vendredis. Primo finissait plus tard que moi. Je partais donc, à pied, l'attendre à la sortie de sa boîte. Il apparaissait, ponctuel, raide dans son manteau noir. Nous allions prendre un café dans une grande brasserie de la place d'Italie. Parfois, ensuite, je l'emmenais chez moi, pour dîner. Ces rencontres se déroulaient selon un rituel presque toujours identique. D'abord, je lui passais des journaux et des brochures, je répondais à ses questions sur l'état des choses dans notre secteur (où en était la grève du chargement aux P.T.T. Auster. ? Et les femmes de ménage, employées par une boîte sous-traitante de la S.N.C.F., qui s'écorchaient à nettoyer presque sans instruments les wagons glacés du dépôt de Masséna, allaient-elles bientôt commencer l'action prévue ? Et les éboueurs d'Ivry ? Et les chantiers de la place d'Italie ? Et les expulsés victimes de la promotion immobilière ?). Puis nous parlions des autres usines Citroën, de la France, du monde. Puis, nous bavardions sur n'importe quoi. Pour ma part, l'effort d'exposé politique une fois fait, et après que Primo m'avait donné son opinion et communiqué les informations qu'il avait, je gardais presque le silence, regagnant bien vite ma léthargie. Primo me sentait absent, il essayait de me remonter le moral. Je l'écoutais vaguement, comme à travers un brouillard.

Hiver interminable.

Un soir.

Je suis sorti plus abattu qu'à l'ordinaire de ma semaine absurde à l'entrepôt de la rue Nationale. Depuis lundi, il ne s'est rien passé. Rien. Je n'ai même pas échangé trois phrases avec Albert. Je n'ai même pas lu deux pages de roman. J'ai entassé mes pièces Panhard, j'ai mangé, j'ai dormi. Je n'ai eu aucune nouvelle de Choisy, ni de personne. Je ne sais plus ce que fais là, ni ce que j'attends. C'est un vendredi : machinalement, je me dirige vers la boîte de Primo, quoique j'aie même oublié d'emporter les journaux que je devrais lui remettre.

La brasserie. Scintillante, bruyante. Surfaces lisses, reflets, fumées, flipper, juke-box. Primo me parle. Je l'écoute un peu, et j'écoute aussi la chanson qui vient du juke-box (je trouve la voix de la chanteuse belle et sensuelle, et je sens brutalement une nostalgie m'envahir, inexpliquée). Nous nous sommes tassés dans un coin, moi sur une chaise et Primo à l'extrémité de la banquette de moleskine. Brusquement, je me vois dans la glace immense qui me fait face, derrière Primo. J'ai l'air si écrasé, la tête rentrée dans mon manteau informe, un chapeau de cuir enfoncé sur les yeux, que j'esquisse un sourire de dérision.

Primo s'est arrêté de parler.

Il me secoue par le coude.

Puis il me dit, d'une voix douce, soudain différente (et, du coup, je me mets à l'écouter, lui, et j'oublie la chanson du juke-box et les sons de la brasserie) :

« Tu sais, notre grève, ce n'est pas un échec. Ce n'est pas un échec parce que... »

Là, il s'arrête, il cherche ses mots.

« ... parce que nous sommes tous contents de l'avoir faite. Tous. Oui, même ceux qui ont été forcés de partir et ceux qu'on a mutés sont contents de l'avoir faite. Les ouvriers de Choisy que je rencontre disent que, maintenant, les chefs font plus attention. Il y a moins d'engueulades. Les cadences ne bougent plus depuis la grève. La direction a pris la grève au sérieux, comme un avertissement. On s'en souviendra longtemps, tu sais. On en parle même dans les autres usines Citroën. Ceux de Choisy disent maintenant : "Nous, à Choisy, on a montré qu'on ne se laisse pas faire." Cette grève, c'est la preuve qu'on peut se battre dans les boîtes les plus dures. Il y en aura d'autres, tu verras... »

Il dit : « ... dans les boîtes les plous dourres... tou verras... »

Je pense, en l'écoutant, que j'aime son accent, et cette force qui le maintient rigide, invaincu. Je pense à la Sicile et aux prolétaires venus jusqu'ici depuis les terres brûlées du Sud. J'ai un peu moins froid, mais je reste sceptique.

Pourtant, il a raison.

Des mois plus tard, et des années plus tard, je rencontrerai au hasard d'anciens ouvriers de Choisy, qui, tous, me parleront de la grève et du comité, et me diront combien le souvenir en est resté vivant, à Javel, à Levallois, à Clichy, sur les immenses chaînes de montage des DS et dans l'insupportable chaleur des fonderies, dans les vapeurs nauséabondes des ateliers de peinture et dans les crépitements d'étincelles des ateliers de soudure, partout où, notre usine une fois fermée, on a muté ses ouvriers. Rien ne se perd, rien ne s'oublie dans la mémoire indéfiniment brassée de la classe ouvrière. D'autres grèves, d'autres comités, d'autres actes s'inspireront des grèves passées – et de la nôtre, dont je découvrirai plus tard la trace, mêlée à tant d'autres...

Primo a raison, mais, au moment où il me parle, je ne le sais pas encore, tout occupé que je suis à ruminer l'impuissance de mon exil et l'écrasant rétablissement de l'ordre Citroën.

LE SENTIMENT DU MONDE

Un matin, aussi brusquement que j'avais reçu mon ordre d'exil, je me vis signifier mon retour à Choisy.

« Tu as une demi-heure pour être à l'usine. Tiens, voilà ton papier. »

Vestiaire. Rues. L'avenue de Choisy, sous une pluie fine, déserte à cette heure matinale. La grande porte de l'usine. Ça y est, je vais retrouver la multitude familière des ateliers. Le gardien jette un coup d'œil morose sur mon laissez-passer, me fait entrer. Je pense que, dans quelques instants, je serai parmi les camarades.

Pas question.

L'agent de secteur Junot me met à la disposition du contremaître Gravier, qui me met à la disposition du régleur Danglois. Toujours la cascade hiérarchique, les « Suis-moi », les « Attends là », les « Mettez-le là »... Quand on met un ouvrier à une place, on ne manque jamais cette occasion de le remettre à sa place. C'est une coutume qui s'applique à tout le monde, qui fait partie du mode de fonctionnement normal de la maison. Dans mon cas, cependant, il me semble qu'ils sont spécialement désagréables : les ordres sont de véritables aboiements. La grève me vaut sans doute ce traitement renforcé (je saurai bientôt qu'ils connaissent maintenant ma qualité d'« établi »).

Le régleur Danglois, dont je dépends désormais, est un gros homme aux traits bouffis et veules. Il est affublé d'une blouse grise qu'il met pour « faire chef ». Mais, son vrai statut dans la boîte, il le tire d'ailleurs : il est membre du bureau de la C.F.T. Ce poste de responsable du syndicat jaune lui assure un complément de pouvoir évident : les chefs d'équipe et les contremaîtres lui parlent d'égal à égal. La maîtrise lui réserve une familiarité et des égards que ne connaissent pas le tout-venant des régleurs. Il en use largement, toujours avide de se montrer en compagnie étroite de plus puissant que lui. C'est, au demeurant, un homme sournois, paresseux et lâche, inefficace dans son travail (en fait, il passe sa journée à traîner ici et là), prompt à menacer les ouvriers, toujours obséquieux dès qu'apparaît un haut personnage de la hiérarchie Citroën. Je crois que, derrière les manières qu'ils lui font, même les contremaîtres le méprisent. Mais ils s'en méfient : la hiérarchie C.F.T. double la hiérarchie Citroën, qu'elle complète par son circuit autonome de délation et de chantage. Un homme comme Danglois peut être redoutable, y compris pour les cadres.

Mon nouveau poste, donc. Danglois me l'explique rapidement, avec la condescendance ironique que peut susciter une tâche aussi subalterne.

Je suis affecté au transport des « caisses » dans la cour de l'usine.

Travail étrange, qui ne doit son existence qu'à l'archaïsme des locaux. En voici la raison : la disposition des bâtiments, séparés par une cour, introduit une discontinuité dans le processus de montage des 2 CV ; ma fonction est d'opérer la jonction, d'assurer la continuité du montage. En fait, je remplace à moi tout seul un tronçon de chaîne !

Les choses se présentent de la façon suivante.

Quand on regarde l'usine depuis la cour, on voit deux blocs de bâtiments compacts, l'un à gauche, l'autre à droite, reliés par le premier et le second étage, mais divisés au rez-de-chaussée par une avancée de la cour et des zones de stockage.

Le bloc de gauche comprend : au rez-de-chaussée l'atelier d'emboutissage ; au premier étage l'atelier de la grande chaîne, le 85 ; au deuxième étage une partie de l'atelier de peinture, qui s'étend aussi sur le deuxième étage du bloc de droite.

Le bloc de droite comprend : au rez-de-chaussée, une aire de stockage ; à l'entresol, un peu au-dessous du niveau du premier étage, l'atelier de soudure, le 86 ; au deuxième étage, la peinture.

Le processus de montage, maintenant.

Des camions de livraison, venus d'autres usines parfois lointaines, déposent dans la cour et les diverses aires de stockage des containers, des blocs-moteurs, et des pièces de tôle moulées ou en plaques fines. Arrivent en pièces déjà formées les principales composantes du squelette de la carrosserie, les portes, les ailes, etc.

À l'atelier d'emboutissage, on presse quelques pièces supplémentaires et on procède à un premier clouage de l'ensemble. Il sort de là une espèce de carcasse de tôle, brinquebalante et comme rapiécée de toutes parts, mais où l'on reconnaît déjà l'allure de la 2 CV. C'est la « caisse ».

Cette « caisse », accompagnée des portières et des ailes (qui restent séparées et le demeureront jusqu'au montage sur la grande chaîne du 85), part à la soudure, l'atelier de Gravier, où l'on fera disparaître fissures et clouages apparents, pour donner une allure d'unité à l'ensemble de la carrosserie. J'ai déjà décrit cet arc de cercle d'une trentaine de postes placé en entresol, sa grisaille et sa poussière de fer, son odeur de brûlé et ses gerbes d'étincelles blafardes – ma première affectation chez Citroën.

Après l'atelier de soudure, la caisse, engouffrée par un tunnel roulant, part vers l'atelier de peinture (bains chimiques, rotation des pistoletteurs dans les nuages de vapeurs, acides corrosifs, vernis...), puis redescend par un monte-charge à l'atelier de la grande chaîne, où on fixe le moteur sur le châssis et où s'opère l'habillage (sellerie, vitres, gaines, roues, tableau de bord, etc.).

Puis c'est la finition, les dernières vérifications, l'essai, la voiture enlevée par un « entraîneur » qui se met au volant et va la parquer provisoirement, en attendant qu'on la charge sur une remorque de camion qui l'emportera vers son destin de marchandise : la vente.

L'usine crache une voiture finie toutes les quatre minutes.

Tous les transferts d'un atelier à l'autre s'opèrent au moyen de machines (ponts, tunnels roulants, chaînes au sol ou chaînes aériennes, monte-charges), sauf le passage des « caisses » de l'emboutissage à la soudure. C'est là que j'interviens : mon nouveau poste s'intercale entre les deux premières étapes du montage. Aucune liaison matérielle n'existant entre l'emboutissage et la soudure – les deux ateliers font partie, l'un du bloc de gauche, l'autre du bloc de droite, et sont séparés par l'avancée de la cour –, il faut aller chercher la « caisse » clouée et la transporter sur une distance d'une centaine de mètres à travers la cour, jusqu'au pied de l'atelier de soudure, d'où le pontonnier la hisse sur l'entresol.

Ce transport des « caisses » se fait sur des chariots de fer : bas, lourds, montés sur des petites roues, ils adhèrent fortement à l'asphalte de la cour et, quand on les déplace, gémissent et grondent.

J'aurai donc cent cinquante « caisses » environ à transporter chaque jour sur ces chariots. À l'arrivée, je dois entasser les chariots débarrassés de leur chargement : je les ramènerai à leur point de départ, la sortie de l'atelier d'emboutissage, cinq par cinq. Cent cinquante « caisses » à l'aller, trente fois cinq chariots de fer au retour. C'est le plus dur : il doit y en avoir pour plus de cent kilos à chaque voyage ; plus tard, une fois seul, j'essayerai de fractionner le retour ; mais je me rendrai compte rapidement que c'est un faux calcul : les chariots sont si bas que, si on en pousse un à vide, ou deux seulement entassés l'un sur l'autre, on marche plié en deux, presque à quatre pattes ; à la longue, la position devient intenable : mieux vaut entasser les cinq et avoir une prise à un mètre du sol – on trimballe ses cent et quelques kilos de fonte, mais au moins on peut se tenir à peu près debout.

Tout cela dans une cour ouverte à tous les vents, à toutes les pluies, souvent glissante, encombrée de camions, de remorques, de containers. Et avec pour seule compagnie permanente (ou presque) le régleur Danglois, me pressant d'aller plus vite.

Non, pas question d'être à nouveau mêlé aux camarades des ateliers.

Après la contention, les travaux forcés.

Danglois a fini ses explications. Pour me regarder commencer, il s'est posté à quelques mètres de mon point de départ, près de la porte coulissante de l'atelier d'emboutissage, d'où parvient distinctement le fracas répété des presses. D'instinct, le régleur a pris la position traditionnelle du garde-chiourme, jambes écartées, mains sur les hanches. La ceinture de sa blouse grise, mollement nouée en sous-ventrière, souligne son obésité caricaturale, presque obscène.

Je prends un chariot, rouge sale, cliquetis de ferraille – la fonte glacée me brûle les mains. Je place la caisse sur le chariot, un peu maladroit, cherchant la prise la plus appropriée sur ce bizarre montage de morceaux de tôle, tout rapiécé. Et je démarre, arc-bouté contre mon chargement. Contact froid de la tôle crue, faire attention à ne pas se couper, les bords sont nets et menaçants... Je m'arrête et reviens demander des gants.

Danglois : « Y en a pas, démerde-toi. »

Puis, goguenard : « De toute façon, t'es là pour en chier. »

Rien à répondre. La brusque montée de haine que provoque l'arbitraire, la bêtise arrogante, sûre d'elle. J'avais un peu oublié. Ça fait du bien, en un sens, ces petites injustices inattendues qui claquent absurdement sans prévenir. La combativité se réveille. On serre les dents, on attend la revanche.

Je jette un regard noir à Danglois et je repars pousser mon chariot.

Un vent glacé. La pluie, en rafales, qui perce la veste légère de mon bleu de travail. J'ai encore la tenue de mes allers-retours somnolents dans l'entrepôt de la rue Nationale. Dans cette cour, je me sens comme nu, transpercé, trempé : la pluie, puis, au bout d'une demi-heure, la sueur. Faudra prévoir un blouson, s'équiper. Des gants, aussi. Demain. Aujourd'hui : ampoules et engelures.

Ce travail de manœuvre de force, épuisant et exposé aux intempéries, est un des postes les plus désagréables de l'usine. En outre, Danglois et, par intermittences, Gravier, viennent me narguer et me provoquer. Danglois feint de craindre une interruption du montage (« Alors, plus que quatre caisses d'avance ? Ça va pas ! Du nerf ! »). Quant au contremaître Gravier, il s'amuse à venir me chronométrer de temps en temps, me glissant d'une voix sifflante : « Vous êtes patient, mais nous sommes plus patients que vous. » (Il s'est mis à me vouvoyer depuis qu'il sait que je suis « universitaire » d'origine, et non ouvrier).

Citroën met donc le paquet pour me faire prendre mon compte. Mais le résultat est inverse. Au bout de trois semaines de ce régime, j'ai perdu près de dix kilos mais retrouvé une bonne part de mon moral. J'ai juré de ne pas partir, il ne me reste plus qu'à faire face. Je traite Danglois par l'ironie, Gravier par le silence. Aux pauses, je retrouve Sadok et Mouloud, et quelques camarades de l'atelier de soudure que j'avais perdus de vue. Les caristes, en passant, viennent discuter. À la cantine, je reprends contact avec ceux du comité, avec mes camarades de l'atelier de la grande chaîne, avec Mohamed le Kabyle et ceux de la peinture. Même Jojo, le vieux cégétiste, mon ancien voisin de vestiaire, est toujours là, et content de me revoir. L'impression de cataclysme que j'avais ressenti au moment où, tout à la fois, notre grève était écrasée, j'étais exilé rue Nationale, et le comité de base perdait ses éléments les plus actifs poussés à prendre leur compte, cette impression s'efface comme se referme une blessure. Tout reste en place. Eux et nous. Eux, toujours aussi immédiatement haïssables (je les ai retrouvés maintenant, je suis sur le qui-vive, je m'accroche, en sueur, les reins douloureux, les mains meurtries, serrant les dents sous les brimades), nous indéfiniment renouvelés mais inventant constamment la résistance – les houles de mauvaise humeur, les cris de rage contre la minute de casse-croûte volée, les inexplicables ralentissements de la chaîne et les accidents du vendredi quand, brusquement, un crochet se tord et bloque l'engrenage au milieu des éclats de rire et des caoutchoucs qui volent en tous sens, nous les projets à la cantine, et les journaux et les tracts qui circulent, et les nouvelles qu'on échange, nous le sandwich qu'on partage, et la cigarette offerte, et le geste d'aide et de réconfort quand on est près de s'effondrer, nous parlant toutes les langues et venant de tous les pays, brassés, éparpillés, séparés, retrouvés, toujours autres et toujours proches. Je n'ai pas retrouvé les ateliers, mais je les sens tout près, et les nouvelles me parviennent, et mes colères se mêlent à celles des autres. Et ma haine même contre Danglois, Gravier et ceux qui leur donnent des ordres, je la ressens comme un sentiment d'appartenance. Un sentiment de classe.

Essayez donc d'oublier la lutte des classes quand vous êtes ouvrier d'usine : le patron, lui, ne l'oublie pas et vous pouvez compter sur lui pour vous en rappeler l'existence !

Quand j'avais compté mes cent cinquante 2 CV et que, ma journée d'homme-chaîne terminée, je rentrais m'affaler chez moi comme une masse, je n'avais plus la force de penser grand-chose, mais au moins je donnais un contenu précis au concept de plus-value.

La rencontre d'Ali joua un rôle décisif dans la transformation de mon état d'esprit. Un choc, mais si complexe que, même aujourd'hui, je ne pourrais le définir avec exactitude, alors que près de dix ans ont passé. Une bouffée d'air du grand large, la vision soudaine de masses tellement plus lointaines et plus obscures, et aussi la découverte de quelque chose de fraternel et de tragique à la fois. Mais les mots, tout à coup, me semblent faibles, et impropres.

Je n'ai connu Ali qu'un seul jour.

Une journée complète de travail, de sept heures du matin à cinq heures du soir.

Et, quoique je ne l'aie jamais revu par la suite, il m'arrive souvent de penser à lui.

Ce matin-là, mon travail d'homme-chaîne s'agrémentait d'une variante.

Il y avait eu un incident à l'atelier d'emboutissage. Plusieurs presses marchaient irrégulièrement, les gens de l'outillage et les électriciens étaient sur place, tout un branle-bas assez inefficace pour le moment : les caisses ne sortaient que par intermittences. La régularité de mes allers-retours et l'approvisionnement continu de l'atelier de soudure se trouvaient ainsi compromis. Mais ce genre d'interruption était prévu et un dispositif complémentaire fut mis en marche.

Dès mon arrivée, à sept heures, Danglois m'emmène dans un vaste bâtiment, isolé à l'extrémité de la cour, où sont empilées en rangées plusieurs centaines de « caisses » de 2 CV. C'est une réserve. Un homme est là, debout au milieu d'une rangée.

Danglois me le désigne d'un geste négligent du pouce : « Il te passera des caisses chaque fois qu'il y aura un trou à la sortie de l'emboutissage ; t'auras qu'à passer par ici pour combler. Vu ? » J'opine vaguement de la tête. L'homme, lui, n'a pas bougé. Il paraît même ne pas avoir entendu. Danglois me presse de commencer mon circuit. Nous sortons ensemble. Je me dirige rapidement vers l'atelier d'emboutissage.

Démarrage. Caisses. Tas de chariots. Caisses. Le circuit maintenant connu par cœur, jusqu'au moindre défaut de l'asphalte, les figures imaginaires et les lettres mal formées que je crois lire dans les irrégularités du sol, les encombrements habituels de la cour, le grondement des roues, ces routines qui s'enfoncent dans votre crâne et vos muscles jusqu'à devenir insensiblement une partie étrangère de vous-même – et ensuite il faut un certain temps pour vous défaire de ces accoutumances absurdes. Caisse. Chariots. Un trou. L'atelier d'emboutissage ne fournit plus. Passer au bâtiment de stockage. L'homme me tend une caisse, en prépare une deuxième. Vite, au pied de l'atelier de soudure. Le pontonnier s'impatiente : il me crie de me dépêcher. Je vois, là-haut, le chef d'équipe à côté de lui, qui le presse d'aller plus vite. Vite, retourner au bâtiment de stockage. Emmener la caisse (l'homme en prépare déjà une troisième). Le pontonnier. Retour à l'emboutissage. Toujours pas de caisse. Le bâtiment de stockage. Une caisse. Il n'y a plus de chariots de fer. Les récupérer au pied de l'atelier de soudure et faire un tas de cinq. Ramener le tout au stockage. Reprendre une caisse. Plus vite, crie le pontonnier, toujours talonné par le chef d'équipe de la soudure. Une autre. Une autre. Aller voir à l'emboutissage. Ça remarche. Les caisses commencent à s'entasser en désordre devant la porte de l'atelier et à obstruer le passage. Un fenwick bloqué : le cariste me crie de dégager. Je déplace deux ou trois caisses et recommence à m'approvisionner ici. Caisses. Retour des chariots. Le circuit rituel en courant, parce que j'ai du retard. Nouvel arrêt de l'emboutissage. Courir au bâtiment de stockage. L'homme me passe une caisse...

Chaque fois que je repasse par l'entrepôt, je lui jette un regard rapide, parfois un sourire, mais sans jamais avoir le temps de m'arrêter ni de lui parler. Lui, de son côté, ne dit pas un mot.

Il est grand, très maigre, brun de peau. Il me semble le connaître de vue, pour avoir remarqué, en le croisant dans les ateliers ou les vestiaires, le tatouage bleu, en forme de point, qu'il porte au bas du front, entre les sourcils, et qui souligne son air farouche. Dès que j'entre dans le bâtiment, il me tend une caisse, qu'il porte de ses deux bras largement écartés, en un mouvement régulier et précis, toujours identique. Puis, il reprend aussitôt sa pose : immobile, droit au milieu de l'entrepôt, les bras croisés, le regard lointain, comme s'il montait la garde au bord de quelque campement du désert.

J'ai plusieurs fois un mouvement pour lui parler, mais je suis trop bousculé à courir aux trois coins de la cour avec mes carrosseries brinquebalantes et mes chariots de fonte. Et comme lui-même paraît absent, la manœuvre se répète en silence.

Huit heures et quart : pause de dix minutes pour le casse-croûte. Je reviens m'abriter dans l'entrepôt de stockage, glacial mais protégé de la pluie fine qui continue de frapper la cour en petites bourrasques.

Je m'adosse à une carrosserie et sors mon sandwich. L'homme au tatouage ne bouge pas. Toujours debout, indifférent à la pause : elle paraît ne pas le concerner. Je m'approche et lui propose de partager, puisqu'il paraît ne rien avoir apporté à manger. Il jette un coup d'œil sur le pain d'où dépasse une tranche de jambon, et secoue la tête en signe de refus :

« Je ne mange pas de cochon. »

Puis, d'une voix grave, comme s'il ne s'adressait pas directement à moi mais poursuivait sa rêverie :

« Je suis fils de marabout.

Mon père est un marabout très important, un grand religieux.

J'ai beaucoup étudié.

Beaucoup étudié l'arabe.

La grammaire arabe.

C'est très important. »

Un silence. Puis il me fixe soudain du regard (surprise de ces deux yeux étincelants, d'un noir intense) et se lance dans un long discours, dont j'ai du mal à saisir complètement le sens, parce que son français est heurté, d'un accent rugueux, et qu'il me paraît employer souvent un mot pour un autre – et parfois même des mots inconnus. Je comprends quand même qu'il s'appelle Ali, qu'il est Marocain, d'une famille très religieuse, qu'il a fait des études coraniques, que son père est mort, que les siens vivent dans la misère depuis longtemps. Suit le récit d'un épisode personnel embrouillé, où il est à plusieurs reprises question d'un couteau, et dont le sens général m'échappe. Il me semble qu'il entremêle son récit de citations du Coran, mais je n'en perçois pas plus la signification. Puis, sans transition, il prononce très distinctement – comme en épelant, pour que je comprenne bien –

quelques phrases brèves. Et là, je comprends à nouveau, et ce qu'il dit me fait une forte impression :

« La langue arabe est une très grande langue.

Ce sont les Arabes qui ont inventé la grammaire.

Ils ont aussi inventé les mathématiques, et les chiffres pour le monde entier.

Ils ont inventé beaucoup de choses. »

Il a élevé la voix, et sa fierté résonne étrangement dans l'entrepôt métallique, qui renvoie l'écho.

Ému, je commence une réponse un peu solennelle, cherchant mes mots pour dire en phrases simples que j'ai un grand respect pour la culture arabe. Et, dans le temps que j'entreprends cette réponse, il me semble que je nous vois de loin, seuls, debout, face à face, dans ce bâtiment vaste et vide, où il n'y a que des piles de caisses, ferrailles grises, armatures stupides de voitures à venir. Moi avec ma veste de bleu de travail élimée, déchirée par les tôles aiguës qui accrochent. Lui flottant dans une combinaison de manœuvre trop large pour sa maigreur, trop courte pour sa haute taille. Et ce dialogue solennel, irréel, de plénipotentiaires de cultures lointaines, de langues lointaines, de façons d'être lointaines. Et rien de cela ne me semble ridicule ni déplacé, mais au contraire grave et important.

La fin de la pause, concrétisée par un aboiement de Danglois apparu dans l'encadrement de la porte (« Vous attendez quoi ? »), interrompt mon discours au milieu d'une phrase. Je dois reprendre mes allers-retours, laissant Ali planté au milieu de l'entrepôt, toujours au même endroit.

Circuit rituel un certain temps, puis nouvel arrêt de l'emboutissage. Je viens prendre une caisse de stock chez Ali. Maintenant, j'ai l'impression qu'il me regarde avec sympathie. Du moins son visage me paraît-il moins figé. J'aimerais parler, poursuivre notre dialogue de tout à l'heure – pas le temps. Je lance seulement, au passage : « Ça va ? – Ça va », répond-il avec un léger mouvement de lèvres qui peut passer pour un sourire. À vrai dire, tout au long de cette journée, je ne l'ai jamais vu sourire plus : je crois qu'Ali était un homme qui ne souriait pas.

Une heure après la reprise, le rythme s'étant encore accéléré, je suis complètement débordé. L'affaire de l'emboutissage a cassé mes habitudes. Impossible de trouver un rythme. Chez Gravier, le pontonnier s'énerve, me crie d'aller plus vite, qu'il n'a plus qu'une ou deux caisses d'avance, qu'il va y avoir un trou sur la chaîne. Pour peu que je me serve régulièrement à l'entrepôt de stockage, l'emboutissage redémarre à l'improviste et en dix minutes il se fait tout un encombrement de caisses à la porte de l'atelier – embouteillage de fenwicks, récriminations des caristes, arrivée hurlante de Danglois... Puis re-panne à l'emboutissage, ruée chez Ali, récriminations du pontonnier, et ainsi de suite.

À dix heures, je suis en sueur, essoufflé, énervé, et je n'arrive pas à prendre la moindre avance.

Comme je repasse à l'entrepôt chercher une caisse, Ali me dit : « J'ai froid. »

Situation absurde. La tâche qu'on lui a assignée ne comporte que quelques mouvements tous les quarts d'heure environ : le reste du temps, il gèle sur place, immobile dans cet entrepôt glacial.

Inversement, je m'agite en tous sens, aussi échauffé qu'il est frigorifié.

Il paraît logique de faire une moyenne et nous convenons de changer de méthode : désormais, nous ferons tout le travail ensemble, en nous le divisant par moitié. Ali doublera mon circuit emboutissage-soudure-stockage et transportera une partie des caisses. Je me servirai moi-même dans les piles de l'entrepôt de stockage lorsque je serai à court de caisses. Cet arrangement permettra à Ali de bouger un peu et à moi de ralentir le rythme. À deux, nous y arriverons très bien sans courir.

Une petite demi-heure tranquille. Ce nouvel état de choses nous convient fort bien à tous deux. Là-dessus, patatras ! déboule Danglois, fou de rage, lippe tordue (je crois bien qu'il bave), la blouse grise claquant sur la graisse à chaque mouvement. Il nous crie – à nous, très étonnés : justement, nous venons de rétablir l'avance dans l'approvisionnement en caisses, les chefs devraient se réjouir :

« De quoi ? De quoi ? Qu'est-ce que c'est que ce bordel ? Les chariots, c'est toi ; l'entrepôt, c'est lui. »

Et, se tournant vers Ali :

« Fous-moi le camp dans l'entrepôt, et que je ne te voie plus dans la cour, vu ? »

Ali hausse légèrement les épaules, me fait un petit signe d'impuissance et regagne le bâtiment de stockage d'un pas mesuré.

J'avais oublié que j'étais dans la cour pour « en baver ». Ce sont des choses qui comptent plus que la production immédiate des 2 CV. Ou plutôt, c'est par ces choses-là que Citroën entend garantir à long terme la production des 2 CV. Gravier a juré de me faire prendre mon compte : tant pis si la chaîne de soudure est en permanence menacée d'un trou. C'est un risque à prendre et cela peut constituer un motif de sanction, voire de licenciement (effectivement, quelques jours plus tard, ils me colleront un avertissement pour production insuffisante). Pour moi, c'est donc le traitement normal. Mais Ali ? Pourquoi Danglois s'en est-il pris avec cette violence au Marocain ?

Je comprends que le poste d'Ali est, lui aussi, punitif. Grand et robuste, il est bien plus éprouvé par cette longue attente immobile dans le froid qu'il ne le serait par un travail de force. Mon cas est plutôt inverse : l'effort physique intense m'est rapidement très pénible. En somme, Gravier et Danglois ont réussi là ce qu'on peut appeler une organisation rationnelle du travail. Fréquentes, ces combinaisons absurdes, histoires de faire sentir qui commande : le travail lui-même est construit comme un système de répression, il suffit d'un petit coup de pouce pour atteindre les limites du tolérable.

Mais pourquoi Ali ?

Je profite d'un crochet par l'atelier de stockage pour lui poser la question. « Qu'est-ce qu'ils ont après toi ? »

Ali : « C'est parce que je sors à cinq heures. »

Ainsi, il fait partie de la poignée d'irréductibles qui s'obstinent à refuser la récupération, près de deux mois après le début du mouvement. Pourtant, je ne l'ai jamais vu aux réunions du comité, et personne ne m'a jamais parlé de lui.

(Je me dis qu'Ali a lu notre tract dans sa version arabe – je l'imagine tout seul déchiffrant attentivement les courbes majestueuses et les volutes, qui lui parlent d'atteinte à la dignité et de grève pour l'honneur – et qu'il a pris sa décision sans consulter personne, irrévocablement.

Je me dis aussi que Primo n'a jamais rencontré Ali, mais qu'au moment de rédiger le tract il a su trouver les mots qui parleraient à Ali.

Et je pense que je ne suis que de passage, mais qu'il y aura toujours dans les usines des Primo et des Ali).

Midi. Cantine. Je n'y vois pas Ali.

La reprise de une heure moins le quart se présente sous un jour favorable : Danglois a disparu – il a sans doute pris des heures de délégué, ce régleur-aboyeur qui est censé nous représenter au titre du syndicat C.F.T. Nous laissons passer un petit moment (peut-être le calva qui traîne ?), puis, ne le voyant pas reparaître, nous reprenons notre arrangement du matin. À deux sur tout le circuit. Parfois, pour pouvoir bavarder, nous nous mettons côte à côte derrière la même carrosserie que nous poussons tranquillement.

Pas toujours commode, de comprendre ce que raconte Ali. Des fois, ça s'emballe, ça devient haché, les mots s'entrechoquent. Il y a des coupures, de longs silences. En général, j'arrive quand même à suivre.

Tout à coup, Ali se met à me parler de sa vie il y a longtemps. Village très pauvre, au sud du Maroc. Famille nombreuse, misérable. Frères et sœurs morts en bas âge. L'occupation française. Un souvenir, surtout, qui lui revient en force :

« Il y avait un capitaine français dans le village.

Le capitaine avait un grand chien noir.

Chaque semaine, c'était une autre famille qui devait nourrir le grand chien noir, avec de la viande.

Tout le monde avait peur de cette semaine.

Quand on donnait à manger au chien, il n'y avait plus rien à manger pour personne : nous, les enfants, nous avions faim toute la semaine.

Tout le monde avait peur de la semaine du chien noir. »

Il s'arrête une seconde, immobilisant la carcasse de 2 CV que nous poussions. Comme si les terreurs de son enfance lui remontaient brutalement à la gorge. Ses yeux se brouillent. Il regarde ailleurs. C'est un choc pour moi, d'entrevoir soudain, dans le visage anguleux de l'adulte, les traits apeurés de l'enfant marocain de jadis, de l'enfant affamé à jamais, de l'enfant que le grand chien noir pourchassera jusqu'à sa mort. Je ne sais pas quoi dire. Je murmure :

« C'est terrible... C'est le colonialisme. »

Il s'est repris et nous poussons à nouveau. Il me fait cette réponse étrange :

« Non, le "colonelianisme", c'est bien.

– ?

– Le "colonelianisme", c'est bien. Colonel Nasser. Colonel Boumedienne. C'est bien pour nous. »

Notre conversation, hachée par le transport des caisses, les manœuvres de chargement et de déchargement, la manutention des chariots de fonte, s'éteint, puis repart, avec des moments de communication et d'autres d'étrangeté. Rebondit sur un souvenir, une question. Se bloque sur un mot incompréhensible.

À quelque chose que je lui dis ou lui demande (de quoi s'agissait-il ? d'une nourriture, ou de quelque chose à fumer, je ne sais plus), il répond vivement :

« Non, je ne fais jamais ça, c'est "juif". »

Moi : « Comment ça, c'est "juif" ? »

Lui : « Ça veut dire : c'est pas bien, il faut pas le faire. »

Moi : « Mais non, "juif", c'est un peuple, une religion. »

Lui : « Non, non. "Juif", c'est l'envers des autres. On dit "juif" pour dire que c'est pas comme il faut. »

Moi : « Mais il y a une langue juive... »

Lui : « Une langue juive ? Non ! Non ! »

Moi : « Si, elle s'appelle l'hébreu. »

Lui : « Non, écrire "juif", c'est écrire l'arabe à l'envers. C'est écrit pareil, mais dans l'autre sens. »

Je m'arrête.

« Écoute, Ali, je sais ce que je dis, je suis juif moi-même. »

Et lui, sans se démonter, avec un hochement de tête indulgent et presque une ébauche de sourire :

« Mais tu peux pas être juif. Toi, tu es bien. Juif, ça veut dire quand c'est pas bien. »

Ça aurait pu durer des heures. Nouvelle impasse. Les opérations de déchargement des caisses nous interrompent encore.

L'après-midi s'écoula ainsi, cahotique. Gouffre de deux langues, de deux univers. J'essayais d'imaginer dans quel monde vivait Ali, comment il percevait les choses, et une impression d'infini me saisissait. Il aurait fallu parler des années, des dizaines d'années... Nous n'aurions jamais dû nous rencontrer et le hasard nous avait mis face à face. Le hasard ? Pas tout à fait. La grève et ses suites, plus ou moins directes. Et j'avais en même temps le sentiment d'un Ali très proche. Le gréviste solitaire et buté, l'enfant au chien noir, le souffre-douleur de Danglois. Un frère obscur, un instant surgi de la nuit qui allait le happer de nouveau.

Effectivement, on le baladait de poste en poste, de brimade en brimade, et dès le lendemain il avait disparu. J'eus ensuite des nouvelles intermittentes de lui, par des gens qui le connaissaient de vue (« Ah oui, le grand Marocain, avec un tatouage bleu sur le front, celui qui ne parle presque jamais et qui sort encore à cinq heures... Attends voir, je crois bien que je l'ai vu à trimballer des bacs, en peinture. »)

Finalement, j'appris qu'on l'avait stabilisé à l'usine de Javel.

Au nettoyage des chiottes.

L'ÉTABLI

Juillet.

Dans l'atelier de soudure, où l'on vient de me remettre, il fait une chaleur étouffante. Toutes les surfaces métalliques sont devenues des plaques chauffantes, qui nous entourent et défilent devant nous, brûlantes. Laideur des squelettes de ferraille cloués, rapiécés, écorchés. Toujours les coups de flamme des chalumeaux, les gerbes d'étincelles blanches, le fer brûlé et le martèlement des tôles. Les caisses glissent, identiques et imperturbables, au travers de ce qui est devenu une étuve, où il nous semble que nous allons fondre et nous dissoudre. Grisaille et vapeur, rien pour respirer, que les bouffées d'une atmosphère torride, l'odeur écœurante des tôles cramées, et la poussière de ferraille. Les vêtements sales se collent à la sueur, tout devient moite, et la transpiration vous fait larmoyer.

Il manquait un manœuvre chez Gravier, pour seconder le pontonnier qui fait monter les caisses de la cour et les dépose en début de chaîne. Ce sera moi.

Les travaux forcés dans la cour ont duré près de quatre mois. Arc-bouté derrière mes chariots, les yeux rivés sur l'asphalte, j'ai senti plus que vu passer le printemps, et commencer l'été. Harcelé par Danglois, épisodiquement nargué par Gravier, j'étais convaincu qu'ils me laisseraient là jusqu'à la fermeture du mois d'août. Mais ils ont décidé de me déplacer.

Me voici donc adjoint au pontonnier, au poste d'entrée de l'atelier de soudure. Je réceptionne et vérifie les ailes, les capots et les portières, et je les place sur de grands chevalets de fer qui accompagnent les caisses sur la chaîne. Les portières abîmées, je vais les apporter au retoucheur, et je les remets dans le circuit une fois refaites. Lorsque les caisses s'engouffrent dans le tunnel roulant qui les amènera à l'atelier de peinture, les plateaux sur lesquels elles ont glissé tout au long de la chaîne sont automatiquement rejetés sur le bord, où ils s'entassent. C'est à moi de ramener régulièrement les plateaux en début de chaîne, pour que le pontonnier puisse y déposer les caisses, à la cadence d'une toutes les trois ou quatre minutes.

Ce pontonnier est un Algérien. Kamel. Dans les vingt-cinq ans. Il a une coiffure bizarre, genre Beatles, gonflée et brillantinée. Au travail, il porte une combinaison verdâtre, serrée à la taille ; mais, en civil, il est habillé d'une façon agressive, blazer à boutons dorés et chaussures pointues. Une allure de maquereau. D'ailleurs, on dit qu'il l'est un peu, mac. Qu'il a des drôles de connaissances, à Pigalle et à Barbès, que des filles très fardées viennent parfois l'attendre à la sortie. Vis-à-vis de moi, son « aide », il est franchement arrogant, profitant de la situation pour me donner des ordres et me traiter en larbin. Apparemment, s'il tient ce poste stratégique d'approvisionnement de la chaîne, c'est qu'il a donné des garanties de fayotage et qu'il a, de la cadence de production, une conception qui convient aux chefs. Gravier et Antoine lui font confiance. Il n'a guère de rapports avec les autres ouvriers. Il règne sur son treuil et sur l'entrée de l'atelier, dominant la cour du regard quelques mètres plus bas, actif, autoritaire, bourrant la chaîne sans discontinuer.

Un jour, au casse-croûte, nous avons parlé de la grève contre la récupération, et il s'est vanté de ne jamais l'avoir suivie, contrairement à plusieurs « imbéciles » du 86 qui se sont fait mal voir de Gravier. J'ai répliqué rudement, le ton a monté très vite, mais notre dispute a été interrompue par le redémarrage de la chaîne. Depuis, nous ne nous adressons plus la parole, si ce n'est dans le cours du travail – lui pour me presser ou gueuler, moi pour l'envoyer au diable.

Rien n'a changé à l'atelier de soudure, depuis ce premier jour de septembre 68 – mon éphémère affectation à la soudure à l'étain. À dix mètres de moi, Mouloud refait indéfiniment les mêmes gestes. Bâton d'étain, coup de chalumeau, va-et-vient de la palette, une courbure lisse (je sais que l'impression de facilité n'est qu'apparente, qu'il faut maîtriser sa main au millimètre près, contracter ses muscles et ses nerfs, contrôler avec précision la pression de ses doigts). Une 2 CV faite, une autre se présente, courbure cassée, fissure à la place de la soudure : bâton d'étain, chalumeau, palette, à nouveau la courbure lisse. Une 2 CV faite, une autre à faire... Je calcule. Cent cinquante par jour. Deux cent vingt jours par an. En ce moment, fin juillet, il doit en être à peu près à la trente-trois millième. Trente-trois mille fois dans l'année, il a refait les mêmes gestes. Pendant que des gens allaient au cinéma, bavardaient, faisaient l'amour, nageaient, skiaient, cueillaient des fleurs, jouaient avec leurs enfants, écoutaient des conférences, se goinfraient, se baladaient, parlaient de la Critique de la Raison pure, se réunissaient pour discutailler des barricades, du fantasme de la guerre civile, de la question du fusil, de la classe ouvrière comme sujet et des étudiants comme substitut du sujet et de l'action exemplaire qui révèle et du détonateur, pendant que le soleil se levait sur Grenade et que la Seine clapotait doucement sous le pont Alexandre-III, pendant que le vent couchait les blés, caressait l'herbe des prairies et faisait murmurer les feuillages dans les bois, trente-trois mille carcasses de 2 CV ont défilé devant Mouloud depuis septembre, pour qu'il soude trente-trois mille fois le même interstice de cinq centimètres de long, et chaque fois il a pris son bâton d'étain, son chalumeau, sa palette. Droit, les tempes grises, les yeux un peu usés, quelques rides supplémentaires, me semble-t-il.

La chaîne de soudure forme un demi-cercle. Une trentaine de postes s'y succèdent, où l'on procède à la centaine de points de soudure que doit recevoir la caisse avant de quitter l'atelier 86.

Un poste, à l'écart des autres. Là, décalé à l'intérieur de l'arc de cercle, un ouvrier âgé, solitaire devant son établi, retouche les portières irrégulières. À sa gauche, une pile de portières abîmées, que j'approvisionne après un contrôle rapide des arrivages en début de chaîne. Les fêlures, les chocs, les parties irrégulièrement clouées ou moulées, les bosselages et les trous, c'est pour lui. Il refait tout, répare tout, et

empile à sa droite les portières redevenues normales.
Je viens les reprendre là, et les remets dans le circuit
avec leurs caisses, vers la fin de l'arc de cercle, avant
le butoir qui expédiera le tout en peinture.

Ce retoucheur de portières est un Français. Un
homme à cheveux blancs, méticuleux, dont j'observe avec admiration les gestes habiles. On dirait un
petit artisan, et il paraît presque déplacé, oublié
comme un vestige d'une autre époque dans l'enchaînement répété des mouvements de l'atelier. Il a de
nombreux outils à sa disposition – instruments de
ponçage, de martelage, de polissage, fers à souder,
étain, chalumeaux, mêlés dans une sorte de bric-
à-brac familier où il se retrouve sans hésiter – et chaque retouche met en œuvre une opération particulière, presque jamais identique à la précédente. Ce
sont les hasards de l'emboutissage, des transports, des
cahots et des collisions, des pièces tombées par terre
ou frappées par quelque fenwick qui déterminent ce
qu'il aura à redresser, à boucher, à souder, à polir, à
rectifier. Chaque fois, il prend la portière défectueuse,
la regarde attentivement, passe un doigt sur les irrégularités (il ausculte aussi concentré qu'un chirurgien
avant l'opération), la repose, prend sa décision, dispose les outils qui lui seront nécessaires, et se met au
travail. Il travaille penché, à dix ou vingt centimètres
du métal, précis au coup de lime ou de marteau près,
ne se reculant que pour éviter la gerbe d'étincelles de
la soudure ou la volée de copeaux métalliques du
ponçage. Un artisan, presque un artiste.

Le plus étonnant, c'est son établi.

Un engin indéfinissable, fait de morceaux de ferraille et de tiges, de supports hétéroclites, d'étaux
improvisés pour caler les pièces, avec des trous par-

tout et une allure d'instabilité inquiétante. Ce n'est qu'une apparence. Jamais l'établi ne l'a trahi ni ne s'est effondré. Et, quand on le regarde travailler pendant un temps assez long, on comprend que toutes les apparentes imperfections de l'établi ont leur utilité : par cette fente, il peut glisser un instrument qui servira à caler une partie cachée ; par ce trou, il passera la tige d'une soudure difficile ; par cet espace vide, en dessous – qui rend l'ensemble si fragile d'apparence –, il pourra faire un complément de martelage sans avoir à retourner la portière déjà calée. Cet établi bricolé, il l'a confectionné lui-même, modifié, transformé, complété. Maintenant, il fait corps avec, il en connaît les ressources par cœur : deux tours de vis ici, trois tours d'écrou là, une cale remontée de deux crans, une inclinaison rectifiée de quelques degrés, et la portière se présente exactement comme il faut pour qu'il puisse souder, polir, limer, marteler, à l'endroit précis de la retouche, aussi excentrique et difficile d'accès qu'elle puisse être – par-dessus, par-dessous, de côté, aux angles, en biais, dans l'intérieur d'une courbe, à l'extrémité d'un rebord.

Il s'appelle Demarcy, ce retoucheur. Il a plusieurs qualifications, en tôlerie et en soudure. C'est un professionnel – P. 1, je crois, ou quelque chose comme ça. À l'atelier de soudure, il est le seul professionnel en fabrication. (Dans les autres ateliers, il y a quelques professionnels en fabrication, le plus souvent sur machines. Mais la plupart des professionnels de l'usine sont à l'outillage et à l'entretien).

Son âge, sa qualification, son expérience, tout cela fait qu'il jouit d'un certain respect. On ne le tutoie pas, on évite de le charrier d'une bourrade. Même le contremaître et le chef d'équipe modifient un peu leur ton habituel pour lui parler. Presque de la courtoisie.

Demarcy, lui, ne se prend pas pour un homme important. Quand il adresse la parole à quelqu'un, il le fait toujours avec politesse. Il est vrai que l'occasion s'en présente rarement. Très concentré sur son travail, il donne l'impression d'être un homme de caractère plutôt taciturne, et le relatif isolement du poste paraît lui convenir. Il fait ce qu'il a à faire, il ne demande rien à personne, et personne ne lui demande rien. En général, s'il a un problème – un instrument qui se casse, une matière qui vient à manquer –, il le résout lui-même : il répare l'outil, ou part s'approvisionner au magasin, ou bricole son établi de façon à inventer une méthode inédite.

Or, en cette deuxième quinzaine du mois de juillet, une menace rôde autour de Demarcy et de son établi. Le retoucheur est dans le colimateur de l'Organisation du travail – mais il ne le sait pas encore.

En cette deuxième quinzaine du mois de juillet, alors que déjà la torpeur de l'été nous engourdit, que partout les odeurs de sueur se mêlent, de plus en plus fortes, aux odeurs d'huile chaude et de métal brûlé, que les ateliers se transforment en fournaises, que des hommes s'évanouissent plus souvent que d'habitude en peinture, et des femmes en sellerie, que l'air se raréfie, que les liquides croupissent plus vite, que les poids pèsent plus lourds, que les langues sèchent et que les vêtements deviennent humides, qu'à chaque pause nous nous massons vers les ouvertures pour y rechercher une hypothétique aération, en cette deuxième quinzaine du mois de juillet, l'Organisation du travail rôde.

La maîtrise est prise d'un léger accès de fièvre. On les voit plus.

Il y a des changements, des mutations, des regroupements.

Des modifications interviennent dans la production.

Sur nos chaînes de 2 CV, on vient d'introduire des nouvelles bagnoles. Des Ami 8. Toutes les quatre ou cinq 2 CV : une Ami 8. Du coup, on a modifié quelques postes, apporté de nouveaux outils ou changé des outils anciens.

Rationalisation, comme ils disent.

On chronomètre (en douce : la blouse blanche se promène avec le chrono dans la poche, se met derrière le gars qui travaille, clic dans la poche, le gars fait ses mouvements habituels, clac à la fin de l'opération, ni vu ni connu ; reste plus qu'à s'éloigner au pas de promenade et à lire le résultat tranquille, à l'écart ; c'est noté). On met tout ça en fiches, on vous décompose et on vous recompose à des dixièmes de seconde près et, un beau jour, on vient vous changer le boni par surprise. « Eh oui, ils ont refait les calculs là-haut, mon vieux. Voici tes nouveaux temps. – Mais... – (geste las de la blouse blanche, hypocrite) J'y suis pour rien, moi », et il se tire vite fait.

Rationalisation.

Pourquoi maintenant ? C'est le bon moment, ils ne font rien au hasard. Ils ont des sociologues, des psychologues, des études, des statistiques, des spécialistes de relations humaines, des gens qui font des sciences humaines, ils ont des indics, des interprètes, des syndicalistes jaunes, ils ont la maîtrise qui tâte le terrain, et ils confrontent l'expérience de Choisy à celle de Javel, et celle de Levallois, et celle de Clichy, et ils prennent l'avis des autres patrons, et ils font des conférences, et ils distribuent des crédits pour mieux connaître tout ça, et étudiez-moi donc les conflits, et le comportement de la main-d'œuvre immigrée, et la mentalité de l'O.S. moyen, et l'absentéisme, et tout ça et tout ça.

Dans quinze jours, les vacances. Ils savent qu'il est trop tard pour que se déclenche une grève. Ils savent surtout que les immigrés n'ont plus qu'une chose en tête : se débrouiller pour passer les congés au pays. Trouver l'argent, trouver le billet pas cher, l'avion spécial, le bateau, la troisième classe, le tout-compris sur le pont ou à cent cinquante en saut de puce aérien Marseille-Oran. C'est la cohue dans les agences de voyage, les compagnies maritimes, les réservations d'avions. L'usine est saisie d'une fièvre de voyages. Au casse-croûte, à la cantine, c'est la Bourse : un aller-retour sur Batna à tant, un Paris-Alger moins cher, un billet de groupe Marseille-Alger, mais il faut partir à dix en même temps. Et, pour la Yougoslavie, une affaire en or, mais départ le 27 juillet, trois jours avant la fermeture de l'usine. Ceux qui savent qu'ils ne pourront pas partir, parce qu'ils n'ont pas le sou, ou personne à voir au pays, errent comme des âmes mortes, indifférents à tout, meurtris par cette agitation qui les exclut involontairement. Ceux qui essayeront de partir ne pensent qu'à ça. La tête, elle est déjà là-bas : dans le village kabyle ou croate, dans les faubourgs d'Alger ou de Barcelone, dans les petites fermes de Tras Os Montes ou dans les oliveraies de l'Alentejo. La tête, elle est déjà parmi les pêcheurs et les vignerons, au milieu des troupeaux de moutons ou dans les échoppes de cordonniers, sur la place du village au moment des palabres, quand le soleil se couche doucement derrière les collines. La tête, elle est avec les parents, la femme, les enfants, les frères, les sœurs, les oncles, les tantes, les cousins, les amis. Là-bas. Il n'y a plus que le corps, ici, à la disposition de Citroën. Mais ça lui suffit, à Citroën, le corps. Tant mieux même, si la tête est partie, on va en profiter. On va en tirer encore un peu plus du corps, c'est le moment.

Rationalisation.

Tout ce que Citroën aura réussi à gratter, point de vue productivité, dans cette deuxième quinzaine de juillet, ce sera autant de gagné pour le redémarrage de fin août-début septembre. Dès le premier jour de la rentrée, la « production normale » sera, bien sûr, le point le plus haut enregistré à la fin du mois de juillet.

Autre raison. D'ici un an, deux au plus, Choisy fermera définitivement ses portes. C'est officiel. Citroën vend le terrain, fait raser les bâtiments. Il y aura des tours d'habitation : belle opération immobilière, au prix du mètre carré à Paris ! On déménagera le matériel et on répartira la production sur d'autres usines, plus modernes, surtout en grande banlieue, là où le terrain est moins cher. Le personnel sera fractionné et muté un peu partout. Ceux qui ne voudront pas de leur nouvelle affectation pourront s'en aller (et on peut compter sur la direction pour soigner tous les gêneurs, les syndicalistes et les fortes têtes : les postes perdus à l'autre bout de la France, ça ne manque pas !).

Avant le grand déménagement, autant faire le ménage : comprimer les temps, contracter les postes, gratter une opération par-ci, une autre par-là, donner quelque chose à faire à une main gauche qui restait scandaleusement oisive pendant le travail de la main droite, changer une machine désuète, remplacer une vrille par une autre plus rapide, deux outils par un seul qui peut servir à deux usages. Etc.

Donc, l'Organisation du travail rôde.

Elle n'a pas vraiment de nom, l'Organisation du travail.

Si, en principe : « le bureau des méthodes et des temps ». « Les méthodes », disent les initiés. Mais c'est lointain et anonyme, inconnu de beaucoup. On ne sait même pas où ça se trouve, on ne connaît pas les têtes. Alors, quand il y a du nouveau, on dit « eux », tout simplement : « T'as vu ce qu'ils viennent de me coller à faire en plus ? S'emmerdent pas, là-haut... » Il y a des circulaires qui atterrissent chez le contremaître, des notes de service, des décisions urgentes (mais il ne les montre à personne, bien sûr, sauf au chef d'équipe avec qui il tient conseil à voix basse dans le secret de sa cage vitrée). Il y a des blouses blanches inconnues qui viennent faire un tour, nous regardent travailler (sans doute le chrono-mètre dans la poche : clic, clac, en douce...), puis partent noter quelque chose sur leur calepin dans un coin de l'atelier. D'autres viennent inspecter les outils. Et je regarde ton chalumeau, et je tripote ta vrille, ni bonjour ni bonsoir, je ne t'ai pas vu, je note sur mon carnet et je vais voir le suivant.

Il y a des machines qu'on change à l'improviste, sans prévenir. Tiens, on m'a mis un autre chalumeau, avec un ressort pour se remettre en place tout seul. (T'en fais pas, mon bonhomme, ils l'ont compté là-haut, le ressort : moins cinq secondes, le temps qu'il te fallait pour remettre le chalumeau en place. On se prépare à raccourcir ton temps ou à te coller une opération en plus. En tout cas, elles ne seront pas perdues, ces cinq secondes !)

Et puis une bagnole en plus par-ci, une bagnole en plus par-là.

Et puis une légère avance des horloges pointeuses. Elles marquent sept heures moins cinq quand toutes les montres marquent sept heures moins sept. Et les chaînes démarrent pile. Soi-disant à sept heures. En réalité, à sept heures moins deux. Deux minutes de grattées, ça n'a l'air de rien, mais c'est une demi-2 CV à l'œil chaque jour, ni vu ni connu. Tous les deux jours, une bagnole finie fabriquée en dehors du temps de travail officiel, entre sept heures moins deux et sept heures. Pas mal, non ?

Elle rôde, l'Organisation du travail. En général anonyme, présente seulement dans ses effets. Mais, parfois, elle prend un visage, une forme concrète ponctuellement, et la voici qui monte à l'attaque en personne en un point du front où on ne l'attendait pas. Du côté de Demarcy, par exemple. Pourquoi Demarcy ? Allez savoir ! Jamais de pépin sur son poste, les portières retouchées impeccable. Alors ?

On peut faire des hypothèses. Par exemple, une blouse blanche en balade d'inspection aura tiqué devant cet établi bricolé, peu conventionnel. Qu'est-ce que c'est que ce machin ? Et, de fait, si on regarde travailler Demarcy juste deux ou trois minutes, il semble perdre du temps à tripatouiller son établi, à déplacer les écrous, à ajuster les cales. Évidemment, si on observe longtemps, on se rend compte que tout ça est bien au point et que le retoucheur tire un excellent parti de son engin. Mais les types des méthodes ne vont pas passer des heures sur chaque poste : quelques coups d'œil et ils sont sûrs d'avoir compris. Ils ont fait des études et tout, l'organisation scientifique du travail, ils connaissent ! Oui, un type des méthodes a très bien pu passer par là et se dire que cet établi trop fragile faisait perdre du temps : je note sur mon calepin « Poste R 82, atelier 86, remplacement établi, installer un modèle F 675 à inclinaison variable », je referme mon calepin, j'ajuste mes lunettes et je vais fourrer mon nez ailleurs, histoire de ramener au bureau mon quota de secondes à gratter et de machines à « améliorer ».

Autre hypothèse. Supposez qu'on veuille dédoubler le poste de Demarcy dans la future organisation du travail, après le déménagement des chaînes hors de Choisy. Par exemple, on passerait à quatre cents bagnoles par jour. Et, à la retouche des portières en soudure, on mettrait deux types, côte à côte, qui feraient exactement la même chose (ou l'un ferait les portières avant et l'autre les portières arrière, comme ça on spécialiserait un peu plus). Notez qu'en dédoublant sur cette base on réaliserait un joli gain de productivité (deux fois cent cinquante bagnoles, ça ne fait que trois cents : le déménagement, les machines plus modernes, la spécialisation, ça permettrait d'en coller cent de plus aux deux bonshommes). Bon, il faudrait préparer ça. Et, d'abord, il faudrait remplacer cet invraisemblable établi bricolé par un établi « normal », qu'on puisse reproduire exactement en double exemplaire pour le poste dédoublé, peut-être même en triple, en quadruple, si on voit grand. Fini, le petit artisan pépère ! Quatre, cinq, six Demarcy, sur des établis normalisés, faisant exactement les mêmes gestes, avec des retouches comptabilisées, classifiées, normées, réparties par un contrôleur ! Plus d'improvisation, du précis à la seconde près.

Commode pour le boni, efficace pour la production à grande échelle. Et supposez qu'on veuille passer de la normale au travail en équipes, les trois huit. L'établi ne servirait plus à un seul ouvrier, mais à trois successivement. Plus de place pour l'individualisme, pour la petite machine bricolée ad hominem. Il faut un truc passe-partout, robuste et simple, même si un peu moins pratique. Une machine surtout pas personnalisée. Normalisée.

Ou bien, il y a eu une étude spéciale sur les retouches, au niveau de toutes les boîtes Citroën, avec plein de graphiques, de statistiques et de courbes et on a décidé qu'on pouvait comprimer les coûts de production en diminuant les pièces loupées, en calculant les temps plus juste, en modernisant le matériel. Conférences, réunions, inspections, notes de service, on engrange le projet. Et, au moment favorable, deuxième quinzaine de juillet, quand les spécialistes du « social » et les services du personnel confirment qu'on peut y aller, que c'est l'occasion de pousser les cadences et d'essayer les nouveautés, paf, ça tombe sur Demarcy, le retoucheur de portières bien tranquille de l'atelier de soudure.

Précisément, sur l'établi de Demarcy.

Sans prévenir, un matin, sur le coup de huit heures et quart.

Mardi 22 juillet, huit heures quinze (ils profitent du casse-croûte pour ne pas perturber la marche de l'atelier), branle-bas de combat au 86. Trois types arrivent avec un gros treuil, hissent un engin de fonte massif au niveau de l'atelier, le font glisser sur la chaîne préalablement débarrassée des voitures en cours de fabrication, et finissent par l'amener, non sans mal, à l'emplacement de Demarcy. Son vieil établi est promptement dégagé, jeté dans un coin débarras de l'atelier, au milieu des vieux chiffons et des bidons rouillés, et on lui installe ça à la place. Les trois gars s'épongent abondamment le front, vont faire signer un bon à Gravier, et disparaissent.

Reprise.

Demarcy regarde, estomaqué, cet établi tombé du ciel. Ou plutôt tombé des caprices imprévisibles du bureau des méthodes. Un gros cube massif, surmonté d'un plan incliné, pour poser la portière. Deux écrous sur les côtés, pour caler. C'est tout. Le plan incliné est uni, en métal plein. Il n'y a plus aucun de ces trous, de ces passages, qui permettaient à Demarcy de travailler dessus, dessous, au bord, sans changer sa portière de position.

Il tâte l'engin. Examine ses possibilités de réglage. Limitées. En fait le tour. Touche du bout des doigts. Se gratte la tête en soufflant, un peu oppressé. (Passant près de lui, je l'entends murmurer : « Ah ça..., ça alors ! ») Coup d'œil nostalgique vers son vieil établi, jeté au fond de l'atelier, qui rouillera là avant de partir à la ferraille. Il a l'air d'avoir de la peine, Demarcy. Ce n'est pas le genre à se plaindre, à aller protester. Il reste là, les bras ballants, il digère le choc, il se répète : « Alors là..., ah ça alors ! » Le vacarme a repris dans l'atelier, chacun se concentre sur ce qu'il a à faire, sur la carcasse de bagnole qui glisse lentement devant son poste, et plus personne n'a le temps de faire attention à Demarcy. Seul avec son désarroi, sans appel.

La chaîne fonctionne à nouveau et la pile des portières défectueuses s'accroît, pendant que celle des portières retouchées s'amenuise dangereusement. Il va bien falloir que Demarcy essaye de suivre. Avec des gestes maladroits de débutant, il s'y met. Il cale une première portière, cherche instinctivement des accès désormais bouchés, se résout à décomposer des opérations qu'il faisait simultanément, des deux mains, par-dessus et par-dessous. Il commence à limer.

Une portière, péniblement. Une autre.

Pas de doute, c'est la catastrophe.

Le rythme de Demarcy est cassé, sa méthode de travail en déroute. Chaque fois qu'il doit travailler une portière par en dessous, il est obligé de desserrer les écrous des étaux, de retourner la portière, de resserrer. Plus moyen de procéder, comme il en avait l'habitude, en gestes combinés rapides dessus-dessous, les plus commodes pour rétablir par un martelage rapide une surface lisse. Auparavant, il calait avec sa main gauche une pièce sous la portière, la déplaçant à mesure, et, de la main droite, il tapait à petits coups de marteau précis, redressant progressivement la tôle zone par zone. Impossible, maintenant : il faut travailler séparément le recto puis le verso. Et perdre son temps à desserrer, retourner, resserrer... Avec ce nouvel établi, il lui faut bien une moitié de temps en plus par portière.

Vers dix heures du matin, Gravier passe voir. Pas besoin de lui faire un dessin. À voir le vieux patauger, il comprend tout de suite la stupidité de l'échange. Yeux au ciel, haussement d'épaules ; sa mimique indique bien ce qu'il pense : « Savent plus quoi inventer, ces bureaucrates des méthodes. Feraient mieux de nous demander notre avis à nous, de la production, on connaît le boulot. Enfin, c'est leurs oignons... » Ça ne dépend pas de lui et, visiblement, le bureau des méthodes ne l'a même pas consulté. Pas question qu'il

fasse un commentaire devant un ouvrier. La hiérarchie, c'est la hiérarchie. Le contremaître s'éloigne sans
rien dire. Que Demarcy se démerde. S'il y a rupture
de l'approvisionnement en portières retouchées, on
avisera. Sans doute alors faudra-t-il faire un rapport
au bureau des méthodes. Pour le moment, ce n'est
pas le cas. Demarcy se donne trois fois plus de mal
qu'avant, il s'énerve, il s'agite, mais en gros il tient la
cadence – avec moins d'avance, c'est vrai, mais ça
c'est son problème. Pour le contremaître, l'essentiel,
c'est que la chaîne soit approvisionnée. Pour le reste...
« L'agent de maîtrise, ce n'est pas le bureau des
pleurs », aime-t-il à répéter.

Pour Demarcy, le plus dur reste à venir.

Cantine. (Le vieux reste dans l'atelier ; il installe
soigneusement sa gamelle de bœuf bourguignon et de
patates bouillies, sort son pain et sa bière, et mange
silencieusement sur un fût vide près de son établi, en
mastiquant longuement chaque bouchée).

Reprise.

Trois heures de l'après-midi. L'atelier chauffe dur,
depuis la reprise de une heure. Chaleur de métal et
de sueur. On se sent englouti. Respiration difficile.
Chaque fois que je passe du côté de Demarcy, ou
quand je viens l'approvisionner en pièces défectueuses et reprendre celles qu'il a retouchées, je le regarde
travailler un instant. Ça ne s'arrange pas. Je l'ai vu se
battre contre le gros engin de fonte, tenter des méthodes différentes, changer l'ordre des opérations... en
vain. Il a bien perdu un tiers de son efficacité. Il est
tout juste à flot : qu'il loupe une ou deux portières,
qu'il donne quelques coups de marteau de travers,
qu'un chalumeau ait tout à coup des ratés, et il cou-
lera.

Trois heures quinze. Pause casse-croûte. Chacun s'affale. Il doit bien faire trente degrés. Trop étouffant pour parler. De l'air !

Trois heures vingt-cinq. Gémissement de la chaîne qui redémarre, avec son cliquetis de crochets, les grincements de ses engrenages – toutes ces machineries qui vibrent sous nos pieds –, le fracas de la première caisse que Kamel jette dans le circuit (« Allez, vas-y », vient de crier le chef d'équipe au pontonnier, et le pontonnier démarre au quart de tour, se fait jamais prier, celui-là). On s'arrache à la somnolence, on prend les outils. Gerbes d'étincelles. Flammes des chalumeaux. Coups de marteaux. Coups de poinçons. Raclement des limes.

Fer, fonte, métal, tôle, parois et plancher, tissus, peaux, tout est chaud, tout est brûlant, fumées et sueurs, huiles et graisses.

Trois heures et demie. Qu'est-ce que c'est que ça, encore ? L'atelier est envahi. Blouses blanches, blouses bleues, combinaisons de régleurs, complets-veston-cravate... Ils marchent d'un pas décidé, sur un front de cinq mètres, parlent fort, écartent de leur passage tout ce qui gêne. Pas de doute, ils sont chez eux, c'est à eux tout ça, ils sont les maîtres. Visite surprise de landlords, de propriétaires, tout ce que vous voudrez (bien sûr, légalement, c'est des salariés, comme tout le monde. Mais regardez-les : le gratin des salariés, c'est déjà le patronat, et ça vous écrase du regard au passage comme si vous étiez un insecte). Élégants, les complets, avec fines rayures, plis partout où il faut, impeccables, repassés (qu'est-ce qu'on peut se sentir clodo, tout à coup, dans sa vareuse tachée, trouée, trempée de sueur et d'huile, à trimballer des tôles crues), juste la cravate un peu desserrée parfois, pour la chaleur, et un échantillon complet de gueules de cadres, les visages bouffis des vieux importants, les visages studieux à lunettes des jeunes ingénieurs frais émoulus de la grande école, et ceux qui essayent de se faire la tête énergique du cadre qui en veut, celui qui fume des Malboro, s'asperge d'un after-shave exotique et sait prendre une décision en deux secondes (doit faire du voilier, celui-là), et les traits serviles de celui qui trottine tout juste derrière Monsieur le Directeur le plus important du lot, l'arriviste à attaché-case, bien décidé à ne jamais quitter son supérieur de plus de cinquante centimètres, et des cheveux bien peignés, des raies régulières, des coiffures à la mode, de la brillantine au kilo, des joues rasées de près dans des salles de bain confortables, des blouses repassées, sans une tache, des bedaines de bureaucrates, des blocs-notes, des serviettes, des dossiers... Combien sont-ils ? Sept ou huit, mais ils font du bruit pour quinze, parlent fort, virevoltent dans l'atelier. Le contremaître Gravier a bondi hors de sa cage vitrée pour accueillir (« Bonjour, Monsieur le Directeur... blablabla... Oui, Monsieur le Directeur... comme l'a dit Monsieur le chef de service adjoint de... prévenu... les chiffres... ici... la liste... depuis ce matin... blablabla... Monsieur le Directeur ») et Antoine le chef d'équipe court aussi se coller à la troupe, et même Danglois, le régleur du syndicat jaune, sorti d'on ne sait où, ramène sa blouse grise et son tas de graisse pour accompagner ces messieurs. Et tout ce beau monde va, vient, regarde, note, vous bouscule au passage, envoie chercher ceci, envoie chercher cela.

Au milieu, leur chef. Monsieur le Directeur de je ne sais plus quoi (mais très haut dans la hiérarchie

Citroën, proche collaborateur de Bercot, s'il vous plaît). Bineau. Gros, l'air autoritaire, sanglé dans un complet trois pièces sombre, rosette à la boutonnière. Il a une tête de type qui lit le Figaro à l'arrière de sa DS noire étincelante, pendant que le chauffeur à casquette fait du slalom dans les embouteillages. Il mène la danse, Bineau. L'air pas commode, avec ça : on n'aurait pas intérêt à essayer de lui raconter des histoires. Regard perçant, ton cassant, soyez précis, soyez bref, je comprends vite, mon temps c'est beaucoup d'argent, beaucoup beaucoup plus que vous n'en verrez passer dans l'année. Un vrai meneur d'hommes. Mieux : un manager. L'œil fixé sur la courbe irrégulière du cash-flow.

Maintenant, ils se sont ébroués pendant quelques minutes, ils ont fouiné un peu partout dans l'atelier. Bineau les rassemble. Ils font cercle, écoutent. Puis, d'un beau mouvement d'ensemble, ils se transportent vers Demarcy. Sur Demarcy, devrais-je dire, tellement ils s'agglutinent et se collent à lui, lui laissant à peine le strict espace de ses mouvements.

Voici donc la dizaine de grosses légumes, en rond, qui regardent travailler le vieux. Bineau donne encore quelques mots d'explication (je suis un peu loin, avec Kamel, mais j'entends des bribes : « ... exemple de modernisation de l'équipement... système de réglage... normaliser les postes hors chaîne... méthodes... à généraliser... opération pilote... revoir les objectifs... par la suite démultiplier... concentrer... découper... budget d'outillage... résultats... sur six mois... »). De temps en temps, il désigne Demarcy en train de travailler. Il me semble alors assister à une démonstration d'hôpital, avec professeur, internes, infirmiers, où le vieux ferait le cadavre – ou à une visite guidée de zoo, avec Demarcy en singe. Il montre aussi l'établi tout neuf, ou une portière défectueuse (dont il s'empare sans façon sous le nez du retoucheur). Le briefing se termine, mais ils restent tous là, à regarder opérer le vieux.

Ils ont un peu élargi le cercle – tassés comme ils l'étaient, la chaleur commençait à les incommoder –, ils défont légèrement les cravates, un cran de plus, ils prennent des poses et des appuis plus confortables – bedaines en avant, bras croisés, mains jointes sur la serviette – et ils suivent attentivement les gestes du retoucheur, observant ses mains, observant son nouvel établi, observant ses outils. Parfois, Bineau examine le marteau que Demarcy vient de reposer, ou bien le chalumeau, ou bien une portière – sans jamais lui adresser la parole. Que pourrait-il lui dire, d'ailleurs ? Quelque chose du genre : « Continuez, mon brave, faites comme si nous n'étions pas là » ? À quoi bon ? De toute façon, Bineau ne paraît pas avoir la fibre paternaliste, pas question de gaspiller sa salive.

Le spectacle aurait pu se dérouler ainsi sans accroc jusqu'à la fin de la journée.

Malheureusement, Demarcy commence à perdre pied.

Décidément, pour lui, la journée est impitoyable. Ce matin, déjà, l'arrivée du nouvel engin de fonte et la disparition de son vieil établi. Des années d'habitude, de gestes connus par cœur, d'expérience, bousillées d'un coup. Bon, il a essayé de faire face et de surmonter l'obstacle, en se concentrant, en s'accrochant, en essayant d'inventer à chaque mouvement – contre cette grosse brute de machine sortie tout droit de la tête d'un bureaucrate qui n'a jamais tenu un marteau ou une lime. Mais il avait besoin de toute son attention. Et comment la conserver maintenant que cette troupe de chefs massés autour de lui l'inquiète, le désarçonne, le trouble ? Il essaye de garder la tête penchée sur son établi, mais ne peut s'empêcher de lancer des petits coups d'œil par en dessous, et de tressaillir à chaque éclat de voix de Bineau. Ses mains sont moins sûres. Il ne sait plus dans quel ordre il doit effectuer les opérations. N'y avait-il pas un bordereau de tâches, là-dessus, dont il a depuis longtemps oublié le libellé ? Ce qu'il faisait d'instinct, il essaye de le faire selon les prescriptions, et comme il est prévu en fonction de cette maudite machine. Il s'embrouille. Commence à marteler sans avoir calé des deux côtés – la portière glisse, il s'y reprend, une soudure, une autre (la main qui tient le fer à souder tremble), pour la troisième soudure il faut retourner, il dévisse les étaux, revisse, soude... oui, mais de l'autre côté il aurait fallu marteler... il dévisse, retourne la portière, revisse, martèle, rougit, gêné parce qu'il se rend compte qu'il vient de faire une opération en trop, ce qui n'a pu échapper à son redoutable public : il aurait dû finir un côté, soudure et martelage, avant de retourner la portière et de la recaler, mais il s'est laissé entraîner par ses vieilles habitudes de l'ancien établi quand, libre de passer à son gré par-dessus et par-dessous, il faisait d'abord toutes les soudures, puis le martelage, puis le ponçage...

Le cercle des hauts personnages murmure.

Bineau fronce les sourcils.

Demarcy, écarlate, en sueur, essaye de ne pas les voir, de travailler collé à ses retouches pour retrouver une contenance, il se penche plus, veut aller plus vite, mais le gros engin de fonte casse ses initiatives, écrase sa marge de manœuvre. De nouveau les opérations inutiles, la même portière retournée trois ou quatre fois (et, chaque fois : dévisser, caler, revisser), les soudures qui manquent de précision, les retouches moins nettes... Les cheveux blancs de Demarcy se collent à son front, emmêlés, il souffle comme un bœuf, des gouttes de sueur coulent jusque dans son cou, mouillent le col bleu de sa vareuse...

Tintement sec. D'un geste trop vif, il a laissé tomber son marteau à terre. Vite, se baisse pour le ramass...

« Mais enfin ! Qu'est-ce que c'est que ce gâchis ? »

La voix de Bineau, forte et coléreuse, a coupé net le mouvement du vieux. Une seconde, il reste courbé, figé dans sa posture, les doigts à dix centimètres du marteau. Puis il poursuit son geste lentement et se relève penaud, pendant que Monsieur le Directeur explose et postillonne.

Bineau : « Je vous observe depuis un quart d'heure. Vous faites n'importe quoi ! La meilleure des machines ne sert à rien si celui qui l'utilise ne fait pas l'effort d'en comprendre le fonctionnement et de s'en servir correctement. On vous monte une installation moderne, soigneusement mise au point, et voilà ce que vous en faites ! »

Demarcy : « Je ne sais pas ce qui m'a pris, Monsieur le Directeur... C'est peut-être un coup de fatigue... D'habitude... »

Gravier : « Écoutez, mon vieux, ne racontez pas votre vie à Monsieur le Directeur. Écoutez plutôt ce qu'il a à vous dire et essayez de travailler convenablement. »

Le porte-serviette à lunettes et cheveux brillantinés qui se tient juste derrière Bineau, à mi-voix mais assez fort pour que le vieux entende : « On se demande parfois comment ils obtiennent leur C.A.P. »

En arrière-fond, tout un bourdonnement de commentaires scandalisés, désobligeants, insultants.

Le vieux baisse la tête et ne dit rien.

Quelle crapulerie. Il le sait bien, Gravier, que le nouvel établi ne vaut rien. Il le sait bien, que ce n'est pas la faute du vieux. Antoine, le chef d'équipe, le sait aussi. Tout l'atelier de soudure connaît bien Demarcy, sa précision, son expérience. Mais personne ne le dira. Personne ne dira rien. Le bureau des méthodes a toujours raison. Et on ne tient pas tête à un directeur du niveau de Bineau.

Le vieux dut avaler son humiliation jusqu'au bout. Jusqu'à la dernière minute de sa journée de travail. Penché, maladroit et incertain, sur un travail devenu brusquement étrange et redoutable. Avec toute cette bande autour de lui, comme s'ils faisaient passer un examen professionnel à un jeunot, à se pousser du coude, à prendre des mines scandalisées, à faire des remarques. Et Gravier qui faisait semblant de lui apprendre son métier (« Mais non, Demarcy, commencez par la soudure ! »), à lui, le vieux professionnel qui n'avait jamais loupé une pièce depuis des années et dont tout le monde avait, jusque-là, respecté l'habileté.

Quelques jours plus tard, les trois costauds revinrent chercher le nouvel établi et remirent en place le vieil instrument de travail du vieux. Gravier avait dû négocier cela en douce avec le bureau des méthodes. La Rationalisation reviendrait bien à la charge une autre fois, elle avait le temps.

Cette nouvelle substitution se fit sans tambours ni trompettes, et personne ne jugea bon de dire un mot à Demarcy sur l'« incident ». D'ailleurs, à aucun moment de toute l'affaire, on n'avait fait mine de le consulter.

Le vieux reprit ses retouches sur son vieil établi, apparemment comme par le passé. Mais il y avait à présent dans ses yeux une sorte de frayeur que je ne lui connaissais pas auparavant. Il paraissait se sentir épié. En sursis. Comme s'il attendait le prochain coup. Il se refermait encore plus sur lui-même, toujours inquiet quand on lui adressait la parole. Parfois, il loupait une portière, ce qui ne lui était presque jamais arrivé « avant ».

Peu après, il tomba malade.

Intensification des cadences.
Temps raccourcis à l'improviste.
Bonis modifiés.
Machines chamboulées.
Un poste supprimé.
Rationalisation.
La bande à Bineau a dû faire des dégâts ailleurs qu'en soudure. À l'atelier de peinture, ils sont furieux. Mohamed, le berger kabyle pistoletteur, est venu me voir. Il faut résister. Il faut relancer le comité. Faire des tracts. Décrire ce qui se passe. Préparer une action. Pas tout de suite : à quelques jours des vacances, ça ne servirait à rien, on ne peut plus faire bouger l'usine. Mais dès la rentrée. Dès la première semaine de septembre. Je suis d'accord, Mohamed. Dès septembre, on remet ça. Les distributions de tracts, les réunions en sous-sol, le boulot d'agitation aux pauses, aux vestiaires, à la cantine, au café, dans les foyers. Les papiers dans toutes les langues, affichés aux chiottes, circulant sur les chaînes, passés

de la main à la main, déchiffrés à mi-voix pour les analphabètes. Contre l'intensification du travail et les caprices du bureau des méthodes. Et aussi contre les mutations arbitraires au moment de la fermeture de Choisy. Que les ouvriers retrouvent des postes équivalents, dans d'autres usines de la région parisienne. Jojo, le vieux professionnel de la peinture, dit que la C.G.T. aussi va lancer une action en ce sens.

Je commence tout de suite – et Mohamed aussi, de son côté. Je refais le tour de ceux que je connais pour leur en parler. Le Tunisien au visage grêlé de l'atelier de soudure. Sadok. Mouloud. Un Espagnol. Un manœuvre malien – un nouveau, avec qui j'ai un peu discuté. Des gens de la sellerie, que je revois de temps en temps. Simon. Le point avec Mohamed, au Café des Sports. Oui, la contre-attaque est possible, tout de suite après l'interruption des congés. La surface est calme en apparence, mais, au fond, une nouvelle lame se forme, qui gonflera et viendra se jeter contre eux.

Mercredi 30 juillet 1969. Fin de l'après-midi. Plus que quelques minutes de travail et on arrête pour un mois.

On me convoque au bureau central.

Laissez-passer. Souterrain. Bâtiments administratifs, de l'autre côté de l'avenue de Choisy. Bureau. Papiers.

Je suis licencié avec préavis (qu'on me « dispense d'effectuer »).

« Compression de personnel. »

Je refuse de signer le « solde de tout compte » (« Comme vous voudrez, ça n'a aucune importance »), m'empare de l'enveloppe, cours voir Klatzman, le délégué C.G.T. (il travaille de ce côté-ci du boulevard, à l'outillage, un poste écarté où la direction l'a envoyé pour qu'il ne puisse rien faire en dehors des heures de délégation : en cas d'urgence, il faut venir l'y trouver). Klatzman lit tous les papiers, me fait préciser quelques détails. Il n'y a rien à faire sur le plan légal. Citroën a respecté les formes. Quant à essayer une action, un tract... : l'usine est en train de fermer ses portes pour un mois !

Klatzman a raison. Ils ont bien joué. Rien à faire. J'aurais préféré un licenciement plus épique.

Mais la vague de fond se prépare, elle montera de toute façon. Et, après celle-là, il y en aura d'autres.

Je remercie Klatzman, on se reverra. Je repars dire au revoir aux camarades de l'atelier. Trop tard. L'usine est fermée, depuis quelques minutes déjà, tout le monde s'est rué vers la sortie, les vestiaires se sont vidés en un clin d'œil. Un mois au loin. Vite, vite.

L'usine est fermée.

La cour dégagée, nette. Plus de caisses, de voitures finies, de fenwicks, de containers, de remorques. Une cour ordinaire. Quelques dizaines de mètres carrés d'asphalte, d'un gris plus clair que d'habitude, sous le soleil de juillet. La porte reste entrouverte. Le gardien a dégrafé sa veste, enlevé sa casquette, il se gratte la tête. On voit derrière lui un type traverser la cour en diagonale, les mains dans les poches, sans se presser. Une impression de repos.

Il y a un quart d'heure à peine, la production des 2 CV marchait à plein, douze cents personnes bourraient, dans le vacarme et la fournaise.

Maintenant, le silence. Les derniers ouvriers s'éloignent, tournant au coin du boulevard.

Plus personne.

Je la regarde, l'usine.

Vue de la rue, elle a l'air inoffensive, avec ses bâtiments gris de taille moyenne, fondus dans le paysage.

Des filles passent en robes légères. Le soleil tape dur.

Les couleurs, les vacances.

J'allume une cigarette.

Je vais vers le Café des Sports, à pas lents.

Tiens, Kamel. Le pontonnier, en tenue civile. Toujours l'air aussi maquereau. Blazer, pantalon à pattes d'éléphant, incroyable cravate multicolore. Il se dandine en me voyant arriver. On dirait qu'il m'attend. Qu'est-ce qu'il veut, Kamel ?

Je n'ai pas trop envie de lui parler. Il y en a tant d'autres que je voudrais retrouver en ce moment, et il faut que ce soit justement Kamel qui m'attende ! Ce soir, j'irai voir Mohamed à son foyer, pour lui raconter mon licenciement. Simon, je n'irai le voir qu'à la rentrée. Sa femme va mieux, ils partent en vacances pour la première fois depuis des années. Dans sa belle-famille, près de Melun (« La campagne », il en parle comme si c'était l'Amazonie !). Une semaine qu'il ne se tient plus d'impatience : aujourd'hui, je préfère le laisser tranquille. Sadok, j'irai le trouver ce soir, je sais où le trouver. Les autres camarades sont dans la nature. Les uns bouclent fiévreusement leurs valises ou s'entassent déjà dans les autocars ou les trains. Les autres s'éparpillent dans les quartiers nord de Paris, pour oublier, un soir au moins, qu'ils ne partent pas.

Aucun ami à qui me confier. J'aurais tant envie de parler à Primo, à Georges, à Christian, à Mouloud, à Ali, à Sadok, à Simon, à Jojo. Personne. Il faut attendre.

Juste Kamel, là, devant le Café des Sports, en plein soleil. Gravure de mode. Kamel le fayot, qui passait son temps à me houspiller, à jouer les chefs, à pousser la cadence. Kamel à qui je n'ai rien à dire.

Lui, par contre, semble vouloir engager la conversation.

Encore quelques pas. Je l'ai rejoint. Qu'est-ce qu'il veut ?

Je lui dis, sèchement :

« Je suis lourdé. »

Lui : « Je sais, on m'a dit... »

Silence.

Kamel, encore : « Écoute... »

Il s'arrête, change d'appui comme s'il avait des fourmis dans les jambes. Bruissement du tergal de ses pattes d'éléphant. Il m'énerve, à se tortiller comme ça. Il reprend.

Kamel : « Écoute, ils m'ont proposé de l'argent pour que je provoque une bagarre avec toi, ils voulaient te licencier comme ça. »

Moi : « Alors ? »

Kamel : « Alors, j'ai refusé. »

Moi : « Pourquoi ? »

Kamel : « Parce que... parce que je n'ai pas besoin d'argent. Pas de cet argent-là. »

Il n'a plus rien de son arrogance, il a l'air gêné – de quoi ? Qu'on ait pensé à lui pour ce sale boulot ? De me le dire ? Brusquement, il prend congé et disparaît derrière le coin de la rue. Je suis sûr qu'il a dit vrai. Je me doute même que c'est Danglois qui a fait la commission.

Je pense : Kamel aussi, c'est la classe ouvrière.

Les personnages, les événements, les objets et les lieux de ce récit sont exacts.
J'ai seulement modifié quelques noms de personnes.

TABLE DES MATIÈRES